本书由教育部"双高计划"高水平学校建设单位(软件技术高水平专业群)经费支持

绽放的火花
——"活动思政"与思政活动

黄国辉 / 主编

中央编译出版社
Central Compilation & Translation Press

图书在版编目（CIP）数据

绽放的火花：“活动思政”与思政活动／黄国辉
主编．—北京：中央编译出版社，2020.12
ISBN 978-7-5117-3880-6

Ⅰ．①绽… Ⅱ．①黄… Ⅲ．①大学生-思想政治教育-研究-中国 Ⅳ．①G641

中国版本图书馆 CIP 数据核字（2020）第 214160 号

绽放的火花：“活动思政”与思政活动

责任编辑	李媛媛
责任印制	刘 慧
出版发行	中央编译出版社
地　　址	北京西城区车公庄大街乙 5 号鸿儒大厦 B 座（100044）
电　　话	（010）52612345（总编室）　（010）52612335（编辑室）
	（010）52612316（发行部）　（010）52612346（馆配部）
传　　真	（010）66515838
经　　销	全国新华书店
印　　刷	佳兴达印刷（天津）有限公司
开　　本	710 毫米×1000 毫米　1/16
字　　数	142 千字
印　　张	13.25
版　　次	2020 年 12 月第 1 版
印　　次	2020 年 12 月第 1 次印刷
定　　价	65.00 元

新浪微博：@中央编译出版社　　　　微　信：中央编译出版社（ID：cctphome）
淘宝店铺：中央编译出版社直销店（http：//shop108367160.taobao.com）　（010）55626985

本社常年法律顾问：北京市吴栾赵阎律师事务所律师　　闫军　梁勤
凡有印装质量问题，本社负责调换。电话：（010）55626985

《绽放的火花》编委会

编委会主任：刘　锦　孙　湧
执 行 主 任：张　武
编　　　委：姚学清　吴跃文　许志良
　　　　　　黄远彬　李云恒　蔡　铁
　　　　　　黄国辉　王寅峰　谭　旭

序　言

点燃思政教育创新火花

刘　锦　深圳信息职业技术学院党委书记

国辉同志让我给这本《绽放的火花》作序，我没有迟疑，欣然接受。我知道这些火花来之不易，凝聚着这位有着37年教龄的教师近10年来对学生思想政治教育工作的思考和实践；更映照出在深圳这片创新的热土上，一大批基层教育工作者勇于开拓、敢闯敢试的特区精神。

灵感的火花稍纵即逝，其生命力在于绽放。打开这部10余万字的小书，我立刻被这些质朴语言中所凝聚着的火花照亮，更被作者对事业执着追求的精神所感染。在高校学生工作中，尤其是对大学生的思想政治教育，用心尝试一些小改变，常常能有大收获。

注重活动育人，将思政元素有效融入学生活动之中，打造深信特色的"活动思政"，是我校软件学院开展学生思政工作的创新之举。10个月前，当国辉和我谈及此事时，我很欣赏他这种乐于思考和探索的精神，鼓励他"以学生为本"先行先试，积累好的经验和做法。软件学院和计算机学院联合开展的"红色运动会"就是一个很好的尝试。这几年我一直在提倡"体商"，这是当前我们很多学生所欠缺的。红色运动会将常规的大学生运动会做了一些小改变，把学习红军精神和运动会项目相结合，学红军精神，强体商素养，让活动变得既有"意义"，也有"意思"。

日记是看得见的思考，国辉带领的团队思考从未间断。这本书中的100篇日记，约30篇是"抗疫"期间所写，其余大都是国辉同志平时的积累，时间跨度长达10年。他用10年的时间写下了近3000篇日记，其中一半以上是工作日记，仅"思想火花"就有400多篇。在他的带动下，他身边的辅导员、学生干部也养成了写工作日记的习惯。

书中选用的日记，虽说是随手写下的思考、感悟，但我们发现，软件学院在"全国党建工作标杆院系"建设过程中的许多想法、做法，都可以在这些日记中找到"影子"，可见这些"思想火花"不是昙花一现，而是在工作实践中结出了累累硕果。

本书是在抗击新冠疫情的非常时期完成的，书中还收录了软件学院领导、辅导员老师和学生的部分日记（讲稿），情感真挚，语言生动，凝聚了师生满满的正能量。全书分为三篇，上篇"探索"，包括概念、方法两部分，主要阐述活动思政的概念、意义、方法；中篇"实例"，包括"抗疫"、案例、社团、讲稿四部分，主要收集"活动思政"、思政活动的案例和大型活动、主题班会讲稿；下篇"素材"，包括党建、思政、成长、随笔四部分，均取材于国辉同志的"思想火花"日记。

从这些来自思政工作一线的作品中，我看到了思政教育最温暖的一面。此读本适合作为高校第二课堂（尤其是学生社团活动）思政教育的教材，同时也可以供中小学校开展思政活动、"活动思政"等课外活动时借鉴。

小切口，大思政；小火花，大绽放。深圳作为中国特色社会主义先行示范区，在这片凝聚着改革创新精神的热土，在中国特色社会主义的高校，国辉同志带领的团队积极探索，先行先试，在党建工作、思政工作和素质教育等方面凝练了一些好做法。我期望软件学院继续砥砺前行，当好"标杆"，为全国高校思政教育一线工作带来更多更好的典型经验，让思政教育创新的"星星之火"燃烧起来。

2020 年 2 月 29 日

目 录

上篇 探索

概 念 / 3

    1.1　初识"活动思政" / 3

    1.2　"活动思政"探源 / 4

    1.3　体商活动中的思政教育 / 5

    1.4　高站位与主旋律 / 7

    1.5　教育部专家的指教 / 8

    1.6　这个角不能缺 / 11

    1.7　水桶定律不可忽视"底板" / 12

    1.8　谁来主导"活动思政" / 15

    1.9　四色主题"活动思政" / 16

    1.10　普遍联系——"六度分隔理论" / 17

方 法 / 19

    1.11　RMI原则及其运用 / 19

1.12　叠加法 / 22

1.13　嫁接法 / 24

1.14　植入法 / 25

1.15　渗透法 / 26

1.16　什么样的活动才算"有意义" / 28

1.17　怎样让学生活动更"有意思" / 29

1.18　两种重要的思维方法 / 30

1.19　品牌活动的评价标准和相关原则 / 33

1.20　品牌活动的创新原则和方法 / 34

中篇　实　例

抗　疫 / 41

2.1　疫情之下，我们该做什么 / 41

2.2　疫情之下，我们为什么要足不出户 / 42

2.3　疫情之下的教育思考 / 44

2.4　在正确的生活方式上，多做一点 / 46

2.5　放假不离岗　关怀不打烊 / 49

2.6　云思政——线上"抗疫"主题班会 / 50

2.7　爱，点燃中国速度 / 52

2.8　面对黑暗　拥抱光明 / 53

2.9　武汉，加油 / 55

2.10　身着白衣　心有锦缎 / 56

案 例 / 58

2.11 在"火线"上体验思政教育 / 58
2.12 红色运动会 / 61
2.13 快乐贴墙站 / 62
2.14 从"活动思政"角度看"日行一善" / 65
2.15 关于"行动力"的三次实验 / 66
2.16 把"想动"换"行动" / 71
2.17 高职学生如何提升行动力 / 73
2.18 应对危机事件"五行"之法 / 74
2.19 解读"辅""导""员" / 75
2.20 辅导员素质银行 / 76

社 团 / 78

2.21 社团联盟与"一社三雄" / 78
2.22 图书馆育人 / 79
2.23 早起训练营 / 81
2.24 从"三问"谈起 / 82
2.25 把"活动思政"引入学生社团 / 83
2.26 理工科学院中的"朗诵协会" / 85
2.27 与手机分手 21 天 / 86
2.28 让早睡成为习惯 / 89
2.29 快乐数学减肥 / 91
2.30 我能帮你瘦身 / 94

讲　稿 / 98

2.31　提升行动力　做"硬核"软件人 / 98
2.32　自信·感恩·梦想 / 100
2.33　石头·剪刀·布 / 103
2.34　"行动力"的四个象限 / 107
2.35　第一行动力 / 110
2.36　做"行动派"大学生的领头羊 / 112
2.37　做最强最硬的团学组织 / 115
2.38　洪荒之力从哪里来 / 119
2.39　重要的话只说一遍 / 122
2.40　不说废话 / 123

下篇　素　材

党　建 / 129

3.1　和企业老总谈党建 / 129
3.2　2020 年党建工作基本思路 / 130
3.3　要重视总结提炼 / 131
3.4　嘉宾反响热烈 / 133
3.5　软实力铸造硬功夫 / 135
3.6　跟党徽学党建 / 136
3.7　锤头镰刀的启示 / 139
3.8　关于"智慧党建" / 140
3.9　巧干的方法 / 142
3.10　团缘 / 144

思 政 / 146

- 3.11 关于征集校园"暖话"和警句的思考 / 146
- 3.12 牛轧花生糖 / 147
- 3.13 我对马克思主义深信不疑 / 149
- 3.14 军训"拉直论" / 150
- 3.15 解读"安全" / 151
- 3.16 学一学我们的校医 / 153
- 3.17 曲径更美 / 154
- 3.18 怀念"日行一善" / 156
- 3.19 一切"如果"都是马后炮 / 159
- 3.20 我的"绝活" / 160

成 长 / 165

- 3.21 什么是"行动力" / 165
- 3.22 关于"行动力"的初步思考 / 166
- 3.23 奋斗,不是青春的专利 / 169
- 3.24 向"学习强国"学习 / 170
- 3.25 学会"偷懒" / 172
- 3.26 不要"一根筋" / 173
- 3.27 留有余地的智慧 / 175
- 3.28 面试的"万能钥匙" / 176
- 3.29 动词更给力 / 178
- 3.30 一个诠释"人性"的逻辑故事 / 179

随　笔 /182
 3.31　教育，应该自然一点 /182
 3.32　我们缺什么 /184
 3.33　走好"最后 100 米" /186
 3.34　方法比结果更重要 /187
 3.35　学会"造零件" /189
 3.36　我们都应该是"安徒生" /189
 3.37　永远看不见射向自己的子弹 /190
 3.38　也谈"课桌变形" /191
 3.39　机会并不均等 /193
 3.40　"田忌赛马"的反思 /194

主要参考文献 /197

上篇

探　索

　　"活动思政"在深圳信息职业技术学院的兴起,起源于 2016 年发起的党委书记项目"体商素养工程"。该项目以"体商活动"为载体,致力于提升学生的"四种能力"——意志力、协作力、专注力、行动力,即在活动中渗透思政教育。

　　2019 年 4 月,软件学院明确提出"活动思政"概念,并通过特色社团、特色活动等形式,开展相关活动,在实践中探索"活动思政"的意义、概念、内涵。

　　我们认为,"活动"与"思政"有着千丝万缕的联系,"活动思政"具有普适性。"RMI 原理"是开展"活动思政"的一般方法,具体方法还有叠加法、嫁接法、植入法、渗透法,这些方法也可以应用于"课程思政"教案的设计。

　　本篇还在最后提出了品牌活动的评价标准和相关原则、品牌活动的创新原则和方法,这些原则、方法是作者早年对思政活动的思考,但对"活动思政"同样适合。

概 念

1.1 初识"活动思政"

黄国辉　2019-4-6

4月1日,广东环境保护工程职业学院环境工程系①主任、党总支书记一行来我院交流,我在介绍软件学院开展的特色活动时,谈到一个观点:"任何活动都可以有思政元素,即任何活动都可以渗透思政教育。"说着说着,我觉得应该用一个词语来概括……这时,聪明的组织员给我发来微信:活动思政。我在会上把这个词一说,立刻把他们吸引住了,大家都觉得这个说法好。会后,我突然意识到:"活动思政"不只是一个新概念,还是一个创新理念,它和"课程思政"的提出具有同等重要的意义。我进一步想到,"课程思政"是2014年由上海市委市政府提出来的,"活动思政"如果由深圳发起……想到这里,我的大脑"嗡"的一声炸开了:天啦,这个事太大了!以后开全国思政课教师座谈会或全国高校思想政治教育工作会议,不但会提"课程思政",而且还可能会提及"活动思政"——在这方面,深圳的高校应该先行先试。

可是,怎样才能把"活动思政"做大做好呢?我们可以

---

① 该系是广东省首批"党建工作标杆院系"之一。

先做一些前期的探索和实践。实际上，2016年深圳信息职业技术学院党委提出并在广东省委教育工委立项的"体商素养培育工程"，就是一个大型的"活动思政"项目，只是那时候还不知道"活动思政"这个提法。

1.2 "活动思政"探源

张雅静　2019-4-8

最近几天，我在思考"活动思政"这个概念的内涵。同时，我查阅各种资料，想知道现在有没有"活动思政"这个提法？如果有，其他高校是怎么做的？有哪些经验可资借鉴？我以"活动思政"为主题词，在中国知网进行检索，找不到相关论文。而以"课程思政"为主题词，可以检索到5859篇相关论文。在百度进行搜索，也是类似情况，并无"活动思政"直接相关的内容。

后来通过查阅文件，得知有个文件中有"五个转变"的提法，其中之一就是"实现思政活动向活动思政的转变"，但文件没有对"活动思政"进行解读，而许多思政工作者并不清楚"活动思政"这个新提法。所以，高校教师都知道"课程思政"，但不知还有"活动思政"。

既然已经有了"活动思政"的提法，我们要做的就是探索这个概念的内涵以及具体的做法。我初步认为，所谓"活动思政"，指凸显思政教育的实践性、主体性、启发性，将思政理论渗透进各类校园活动、社会实践活动，把思政小课堂同社会大课堂结合起来，把第二课堂与第一课堂结合起来，构建全方位、全系统、全过程育人格局，实现"立德树人"的根本任务。① 简言之，活动思政就是尝试在所有课外活动、社会实践中渗透思政教育。

新时代高校思政课改革创新，需要构建全覆盖、无死角的"大思政"教育体系：不但要建设好思政课专职教师队伍，而且要建设好以辅导员为主体的兼职教师队伍；不但要关注第一课堂教学，而且要关注第二课堂活动；不但要上好思政课程，而且要慎重讲好"课程思政"；不但要开展生动活泼的思政活动，而且要做强春风化雨、润物无声的"活动思政"。②

1.3　体商活动中的思政教育

张雅静　2019-4-10

2016年，学校党委在全校师生中实施"体商素养培育工程"，创造性地提出了"体商育人"新模式。这里的"体商"不等同于体育，而是以刘锦书记提出的"高站位、小切口、全体系、重实效"12字方略为指导，致力于提升学生的"四种

---

① 张雅静、陆模兴、黄国辉：《"活动思政"：完善"大思政"教育体系的必然路径》，载《深圳信息职业技术学院学报》，2019年第5期，第19—22页。

② 张雅静、陆模兴、黄国辉：《"活动思政"：完善"大思政"教育体系的必然路径》，载《深圳信息职业技术学院学报》，2019年第5期，第19—22页。

能力"，即意志力、协作力、专注力、行动力，为培育德智体美劳全面发展的社会主义建设者和接班人打下坚实基础。

意志力，是指一个人自觉地根据目标支配、调节自己的行动，克服各种困难，从而实现目标的品质。重点是培养吃苦耐劳的忍耐力、坚毅力。

协作力，是指建立在团队的基础之上，发挥团队精神、互补互助以达到团队最大工作效率的能力。

专注力，是指一个人专心于某一事物或活动时的心理状态。专注力的最高境界，是培养以敬业、精益、专注、创新为基本内涵的工匠精神。

行动力，是指积极地把一件事做到底、做到位的能力，包括自制力、执行力和拼搏力，还包括领导力。行动力是最重要的核心竞争力，一切的好奇心、愿望、梦想，都要靠行动力来实现。

高职学生普遍存在这"四种能力"欠缺的问题，有的学生学习目的不明确，遇到困难容易退缩；有的学生不懂得与人配合，团队协作力差；有的学生专注力不够，上课喜欢开小差；有的学生行动力不足，计划做得很漂亮，但迟迟不见行动。而随着信息化、智能化的飞速发展，人们生活愈加便捷，足不出户便可解决各类生活问题。这让很多学生整日宅在宿舍，沉迷于网络。大力开展体商活动，融入思政教育，推进学生身心健康，已刻不容缓。

"四种能力"的培养，正是"体商素养培育工程"的魅力所在，也是在各种体商活动融入思政教育的契合点。可以说，软件学院正在努力开展的各项"活动思政"，正是由"体商素养培育工程"孕育而生的。

1.4　高站位与主旋律

黄国辉　2019-4-11

媒体开放日已确定为 4 月 24 日，我们安排了两个专项活动，一个是展示教师党员风采的"党日活动"，show 的是"头脑"，由软件测试专业教工党支部"何涛工作室"① 负责落实；另一个是展示学生思政教育的"特色活动"，show 的是"肌肉"，由学工办、分团委负责落实。

我给"党日活动"定的主题是：为党旗添光彩，为标杆做贡献。活动时间不超过 1 小时，以语言交流为主，突出党味和政治意识，同时还要体现党建与业务的双融双促，即"双带头"作用。

至于"特色活动"，学生工作办提交的是体验性、趣味性都很强的"穿越火线"体商挑战赛，已纳入我校第 14 届心理健康月系列活动。我提醒他们，活动只是有趣（有意思）不够，还得有意义、有主旋律。

4 月 8 日我布置任务，让他们思考这个活动的思想性（活动所涉透的思政教育内容），并凝练成一句话，在活动现场主席台背景板突出位置显示。10 日上午召开辅导员例会，第一个议题就是让大家讨论活动口号。我让陆模兴站起来发言，他不知我的用意，嘀咕说"还没想好，站起来也没用"。然后我

---

① 软件测试专业教工党支部"何涛工作室"，于 2018 年 9 月立项为广东省首批高校"双带头人"教师党支部书记工作室。

让他站高一点——站在会议桌上，他有些犹豫，但还是照做了。我的本意是提醒大家要"高站位"：站得高，才能看得远；站得高，才能有新发现；站得高，才能让人仰视你。高站位就是增加一个人思想认识上的"势能"，有了比较高的"势能"，才能爆发出强大的行动力"动能"。

值得一提的是，"穿越火线"这个活动特别能体现"高站位、小切口、全体系、重实效"理念，尤其是刘锦书记关于体商素养内涵解读的四种能力——意志力、协作力、专注力、行动力，都可以在活动中展露无遗。

1.5 教育部专家的指教

黄国辉　2019-4-27

4月26日是一个特别的日子，这天第二届"一带一路"国际合作高峰论坛在北京召开，清华大学向俄罗斯总统普京授予名誉博士学位。这天我也在北京，上午9：00—10：30，我有幸去教育部拜见党建思政专家俞亚东同志。

去之前，刘锦书记问我"是否去过教育部"，我答"没有"。又问我工作多少年了，我答"36年"。这一问一答，让我立刻感觉到去教育部是一件非常荣耀的事情。说来惭愧，我曾在深圳市教育局党委办公室工作七年，虽然经常出入深圳市委、市政府，但从未去过广东省教育厅，更别提去教育部了。在我看来，去哪里、去见什么人不重要，重要的是去见的这个人和我谈什么内容，这个内容对我有什么触动。

亚东同志平易近人，他一边听汇报，一边看材料，一边恰到好处地给我们指点迷津。他谈道：

第一，思想政治工作的根本是解决思政教育的针对性、实效性，尤其是实效性。总书记亲自主持召开学校思政教师座谈会，可见思政课多么重要。但思政课不只是解决"抬头率"问题，重要的是入脑、入心。就算学生抬头看着你，还得看他是不是听进去了。学生听进去了才能有自己的思考，才谈得上理想信仰、价值引领（听这段话时，我有非常强烈的共鸣）。

第二，高校党建工作要关心民生，要搞好服务，解决师生的实际问题，但更重要的是"不忘初心"，要在坚定理想信念、培养正确"三观"方面多下功夫。这些年，国家花了不少钱资助贫困学生完成学业，但效果不太理想。有些学生把国家对他的资助看作是天经地义的事情，少数人甚至站在国家的对立面，给政府添乱。所以不能只是提供资助、服务，要培养大学生的感恩之心。（我们学校的情况还是不错的，至少没有"白眼狼"，这和我校一直都在开展"感恩教育"是分不开的。当时我很想插话，讲讲我们刚刚布置下去的"职业影子日"活动，即要求全体大一、大二学生在"五一"期间的社会实践周，至少选择一天跟随自己的父亲或母亲上班，全程观察、了解父母在这一天的工作过程和有关细节，并撰写实践报告。这个活动旨在让学生通过父母一天的职业经历这个"小切口"，了解当今职场的一些基本情况，让学生直观地看到父母每天在做什么事，和什么人打交道，工作中有什么困惑……借此机会升华他们对父母养育之恩的感激，切身体会到幸福生活来之不易。）

第三，示范创建，质量创优，不管是示范高校、标杆院系还是样板党支部，我们这个项目都叫创建，创建是一个过程。立项不是说你已经做得非常好、都很优秀，立项只能代表你有好的基础。你们得了"标杆"，必要的宣传是可以的，但不要过度宣传，你们学校主张低调一点是对的。你们的工作做得很细，基础确实非常好，对"标杆院系"确实下了功夫。党建、思政工作的核心是思想引领、价值引领，要注重实效性，要研究解决大学生的困惑，要真正解决师生的实际问题。标杆院系建设，最根本的是促进学校发展和人才培养。抓党建，可不只是为了党建，一定要做到：指方向；保稳定（底线思维）；促发展。党建、思政做得很好，可是这个学校发展得不怎样，不好交代吧。

第四，你们说的"活动思政"不容易，就像课程思政现在也不容易一样，想法很好，但比较难搞。关键要做好渗透、融合，不能硬拽在一起，不能引起反感。所以，课程思政不能硬性规定，不能搞形式主义、走极端。专业课程重点是讲好专业内容，你自己的课程内容都没讲好，你去讲思政内容，那就可能适得其反了……你们提出的"活动思政"，想法是很好，看怎么把思政元素融合到活动中，达到实际效果。"活动思政"是挺好的，确实是全方位育人的概念，是挺好的。你们先去做，看做的效果怎么样。也不是所有的活动都要完全融入思政，你说育人是可以的，育人是综合的。我们讲思政、讲意识形态、讲价值引领，是最高端的。

第五，标杆院系就按照你们的方案好好做，没问题的。你们有好的基础，通过软件学院（获得党建工作标杆院系立项）这个契机，把整个学校的党建带动起来，这个都是对的。因为创建时间还不长，过一阶段，把你们的做法、效果提供一点给我。

1.6 这个角不能缺

张雅静　2019-4-30

最近我们在思考："活动思政"是否可有可无？"活动思政"和思政课程、课程思政、思政活动是什么关系？

相对而言，"活动思政"与"思政课程"的区分度较大、关联度较小，与课程思政、思政活动关联度较大，有较多的共性。但是，"活动思政"和"课程思政"、思政活动毕竟不同，不能混为一谈。

"活动思政"不能等同于思政活动。虽说两者的载体都是活动，但目标、方向不同，思政活动是以活动的形式开展思政教育，思政是活动的目标；而"活动思政"是在科技、人文或体育活动中渗透思政教育，科技、人文或体育是活动的目标，思政教育是附属成果。

"活动思政"和"课程思政"也不同。主要区别在于，"课程思政"在第一课堂进行，而"活动思政"在第二课堂（课外活动）进行。两者的共同点，是都需要高超的教育艺术，把课程（活动）与思政恰到好处地融为一体。

"活动思政"不但不可替代，而且不可或缺。思政课程、"课程思政"、思政活动、"活动思政"就像方桌的四个角，哪个角都不能缺。

高校思想政治教育就是这样一个相互联系、相互支撑的"四位一体"教育体系，是一个关于内容（思政教育）和形式（课程或活动）对立统一的完美闭环（图1-1）。

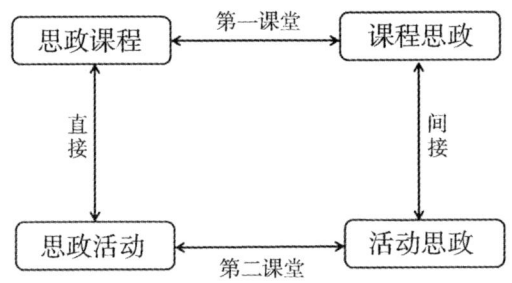

图1-1 "四位一体"思政教育体系框架图

从思政活动到"活动思政"，不是"思政""活动"两个概念的位置互换，也不只是思维方式的转变（逆向思维），而是思政教育理念的创新。"活动思政"在第二课堂的作用，与"课程思政"在第一课堂的作用是一脉相承的。

1.7 水桶定律不可忽视"底板"

黄国辉　2020-2-5

2000年，我在《素质教育在美国》的引言中第一次看到"水桶定律"：一只桶的装水量，取决于最差、最短的那块桶板。[①] 当时如获至宝，觉得用来比喻教育太形象了，拿来教育不全面

---

① 参见黄全愈：《素质教育在美国：留美博士眼里的中美教育》，广州：广东教育出版社1999年版。

发展的学生，可以起到振聋发聩的作用。

2015年6月，我在日志《质疑"水桶定律"》中进行了反思：这个"水桶定律"成立吗？它对教育（素质教育）适用吗？

就其本义而言，"水桶定律"是成立的。一只桶的装水量，的确取决于最差、最短的那块桶板。而且，这个定律用于阐述安全对于生产、环保对于经济的重要性，都是恰到好处的比喻。可是比喻就是比喻，它不能叫"定律"，更不是普遍真理，不能推广到任何领域。

用"水桶定律"解读教育，无非是强调素质教育的重要，强调全面发展的意义。可是，理论上我们无法证明"水桶定律"适用于教育。凭什么说人的各种素质、能力或者说具体的各科成绩是水桶的桶板，而教育成果必须是这个水桶里的水呢？教育成果难道不能是石块吗？我们把小石块放在桶底，把大石块放在上面，即便有短板，石块也不会"溢"出来呀。

从数学角度看，"水桶定律"其实是"取最小值"。某次考试，张三语文70分，数学65分，英语60分；李四语文99分，数学0分，英语0分。于是，学校按照"水桶定律"，给张三记总分60分，给李四记总分0分。这可能吗？不可能，没有哪种考试会这样做。高考不会，中考不会，连学校平时的期中、期末考试也不会，因为这样做不公平。

实际情况是，无论哪种考试，都是把各科成绩的和作为最后的总分，这相当于求各科成绩的平均值。由此可见，拿这样的"水桶定律"来解读教育，不仅牵强附会，而且可能误人子弟。

后来，我在微信中读到《中国即将发生的 46 个重大变化》，其中的一个变化是提醒我们要摒弃"水桶原理"的短板决定论，接受"长板原理"。内容原文是："原来我们每个人都被木桶原理所束缚，即：你的短板限制了你的综合水平，所以我们总在弥补自己短板，而随着人们协作效率的提高，今后你的长处决定了你的水平。我们不用再盯着自己的短板，你只需要将自己擅长的一方面发挥到极致，就会有其他人跟你协作，这叫长板原理。"

今天重新思考这个问题，发现"水桶原理"的短板决定论和"长板原理"都有缺陷，都忽视了构成"水桶"最重要的部件——底板。"水桶原理"的严谨表述应该是：教育好比一只水桶，桶板可长可短，底板不能有洞。

用水桶比喻教育，桶板可以解释为各种知识、技能、能力，而底板只有一种解释：思想道德品质。这个"底板"一定不能有问题。

为什么要重视"活动思政"？我们认为，思政是活动的"底板"，没有这个底板，或者底板有洞，再好的桶板也无济于事。"活动思政"的意义，并非一定要在所有的活动中都明确地渗透思政教育，而是强调对所有的活动都要进行政治把关，不能在活动中出现错误的政治观点或错误的价值引导。

1.8　谁来主导"活动思政"

陆模兴　2020-2-6

2005年,温家宝总理去看望钱学森,钱老感慨说:"这么多年培养的学生,还没有哪一个的学术成就,能够跟民国时期培养的大师相比。"钱老又问:"为什么我们的学校总是培养不出杰出的人才?""钱学森之问"是关于中国教育事业发展的一道艰深命题,引发了高等教育界对中国本科教育的反思以及对未来发展改革的思考。长期以来,我国高等教育奉行"以教师为中心"的宗旨,以"居高临下"式的说教为主。不论在第一课堂,还是第二课堂,都是在教师设定的框架中进行的。这种方式固然有其成效,但也有弊端,学生的主观能动性受到极大的限制,其创造意识也受到抑制。

近些年关于第一课堂及第二课堂的相关研究,"几乎见不到明确使用'主导'这一概念,在谈到教师作用时,也只是讲'引导者''咨询者''支持者''组织者'等等,至于这些词是否与主导一致,大多语焉不详。"[①] 为此,有人提出:要放弃"教师主导"的论断。对于"教师主导"的否定之声归纳起来,主要集中在以下两个方面:一是将"教师主导"视为对"学生主体"的遮蔽;二是认为"教师主导"有悖民主、平等师生关系的构建。

[①] 丛立新:《平等与主导:师生关系的两个视角》,载《教育学报》,2005年第1期,第27—31页。

在我看来,"教师主导"毋庸置疑,前述否定之声是对教师主导认识不够深刻导致的。其一,割裂教师主导与学生主体。真正意义上的教师主导一定是以尊重和发展学生主体为依据的。它非但不会戕害学生主体,反而是学生主体性实现的保证。其二,以师生平等准则质疑教师主导作用。这种提法看似进步,但恰恰忽视了教育教学的特殊性。师者,传道授业解惑也。在第一课堂,知识传授是教学活动的主线,教师闻道在先,教师主导是教学的基本特性之一。突出学生主体作用的第二课堂亦然,"活动思政"也应由教师来主导。

1.9 四色主题"活动思政"

陆模兴　2020-2-7

图论中有个著名的"四色猜想"(也叫地图四色定理),其内容是:任何一张地图只用四种颜色就能使具有共同边界的国家着上不同的颜色。作为新生事物的"活动思政",能否也像一张地图那样,用四种不同颜色来区分呢?对此,我进行了深入的思考,提出四色主题"活动思政"理念。

一是"红色主题活动思政"。长期以来,在思想政治教育体系中,我们常将理想信念教育定义为政治性的意识形态教育,忽视其文化性和精神性意义,从而造成理想信念教育偏于刚性和抽象性,对价值主体关注不够。改变这一问题的关键在于优化活动思政的切入点,尊重学生个体鲜活丰富的体验,激发其能动性、创造性和自主性,注重人性的尊重和弘扬。

二是"蓝色主题活动思政"。"蓝色主题"活动思政针对当前学校教育中职业素养教育的缺失,补齐短板,拓宽学生思政活动的渠道,这既是现实需求的回应,也是情感需求的满足。活动思政的渠道不应局限于校内,应积极鼓励和支持学生参加各种校内外社会实践活动,提高他们的认识,培养他们的业务素质,把他们培养成具有共产主义信念的社会主义建设人才。

三是"绿色主题活动思政"。这不仅是生态环境教育,更是一种民主、人文、和谐的现代教育观,是对现实需求的反馈。与重思政教育理论的学习、轻现实生活素材和现代信息运用的传统思政活动相比,它更能提高学生情绪的兴奋点,使学生在身心愉快的情景中领悟哲理、接受知识、升华道德情感。

四是"黑色主题活动思政"。"黑色主题"活动思政就是强化警示教育,严守底线。大学生思想比较活跃,自主意识较强,对外交流沟通以及摄取信息的能力突出,同时也具有心理不够成熟、思想可塑性强、行为个性化等特征,这个阶段的青年学生很容易接受新思想,也很容易受到社会上非主流思想的影响。"黑色主题"活动思政可以起到警钟长鸣、保驾护航的作用。

1.10 普遍联系——"六度分隔理论"

黄国辉　2020-1-24

有人可能会质疑:在所有活动中渗透思政教育,可能吗?

今天是除夕。昨晚,我一连做了好几个梦,其中一个梦是关于"活动思政"的思考。在梦中,我觉得需要先弄明白什么是"活动",什么是"思政",两者有什么关系;再深入思考如何把"思政"融入"活动"。

醒来后,我产生了两个新点子(思想火花)。

一个点子是:"活动思政"具有普通意义,这和哲学中"普遍联系"的观点有关,也和"六度分隔理论"有关。

六度分隔理论的直观表述是:"只需要6个人,我就能和地球上的任何一个人联系起来。"这个理论非常吸引人,因为它意味着,"虽然人类社会非常巨大,但我们可以很容易地沿着社会链接在整个社会中航行。"① 这个理论的一个重要前提是:"每个人只需认识一个人,就能形成社会。"②

如果把某个"活动"内容和某个"思政"元素分别看作互不相识的两个人,根据"六度空间理论",我们总能找到至多六个"中间人",从而建立两者的联系,实现由陌生到认识的转变。

在实际工作中,"活动"和"思政"的连接肯定不需要6个中间节点。因为校园"活动"和"思政"教育之间,有着千丝万缕的、直接的联系;即便是间接的联系,中间节点可能就一个。

另一个点子是:"活动思政"和 RMI 原理(关系映射反演原理)有关。这个观点的阐述比较费力,我将另文介绍。

---

① 〔美〕艾伯特-拉斯洛·巴拉巴西:《链接》,沈华伟译,杭州:浙江人民出版社2013年版,第44页。

② 〔美〕艾伯特-拉斯洛·巴拉巴西:《链接》,沈华伟译,杭州:浙江人民出版社2013年版,第28页。

方　法

1.11　RMI 原理及其运用

黄国辉　2020-2-5

今天是正月十二。晚饭后，儿子问我一道题：山上有座庙，庙里有一些和尚，他们吃饭时 2 人合用 1 个饭碗，3 人合用 1 个菜碗，4 人合用 1 个汤碗，恰好共用了 65 个碗，问共有多少和尚？

对于小学二年级学生来说，这道题很难。我想了想，决定趁机让儿子了解一下 RMI 原理（关系映射反演原理）。

首先，需要明白和尚的数量必须同时是 2、3、4 的倍数。

然后，用假设法。假设和尚共 12 人，那么他们一共用了 6 个饭碗、4 个菜碗、3 个汤碗，共用了 13 个碗。

12 人用 13 个碗，多少人用 65 个碗呢？如图 1-2 所示，如果知道 65 是 13 的 5 倍，那么和尚数立刻就知道了：$12 \times 5 = 60$。可是，二年级的孩子不懂比例，所以无法想到"等比拉伸"。

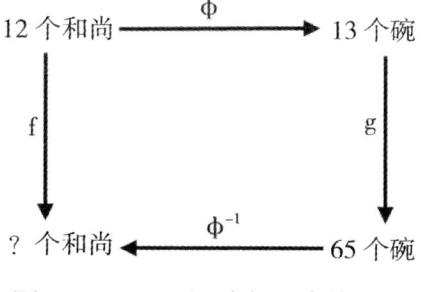

图 1-2　RMI 原理在解题中的运用

怎么办？我大胆运用RMI原理，引导他"反演"：你已经知道12个和尚要用13个碗，现在你把这个运算过程反推回去，65个碗应该分给多少个和尚？为了降低难度，可以设想13个碗（12个和尚）摆1桌，那么65个碗能摆几桌？这样一来，儿子立马就通了。

这就是RMI原理的妙用。RMI原理是一种普遍的思想原则，其数学表述比较抽象：给定一个含有目标原象x的关系结构系统R，如果能找到一个可定映射φ，将R映入或映满R*，则可以通过一定的数学方法把目标映象$x* = φ(x)$确定出来，从而通过反演即逆映射$φ^{-1}$便可把$x = φ^{-1}(x*)$确定出来。[①]多年前我在研究RMI原理的运用时，对这个原理进行了拓展：设从R到R*的思维为f，从x到x*的思维为g，则$f = φ^{-1}gφ$，f与g的关系便是抽象代数所定义的相似。由此可知，我们要解决的两个问题之间：核相同，思维相似。[②]

找逆映射很重要。上例中，如果把"由12个和尚算出要用13个碗"用映射φ表示，那么"由65个碗算出有多少个和尚"就是其逆映射$φ^{-1}$。

RMI原理的运用很广泛，我们可以把它用于"活动思政"的策划。

以前的活动方案，往往只考虑活动内容，以及蕴含其中的

[①] 徐利治：《数学方法论选讲》，武汉：华中理工大学出版社1988年版，第29页。

[②] 黄国辉：《映射观点下的思维相似论》，载《深圳信息职业技术学院学报》，2003年第1期，第100—102页。

活动目标。现在我们开展"活动思政",则需要增加思政内容,以及蕴含其中的思政目标。而且,活动的目标、内容和思政的目标、内容不能是"两张皮",需要合乎逻辑地融合在一起。而这个逻辑,其实就是要符合 RMI 原理。

图 1-3 "穿越火线"挑战赛现场

以"穿越火线"挑战赛为例。最初的设计是心理活动项目,目标是"超越自我",内容是"穿越火线",即:参赛者双手握住一个带缺口的圆头把手,让这个把手穿过一段曲折的蜘蛛形电网,整个过程不能触网(电)。

为了明确这个活动的思政目标(活动的思想性),我们先从活动内容中探求相关的思政内容。成功穿越火线的关键有两点:一是失败了不能轻言放弃;二是稳住手中的把手,尽量不要触碰电网。这不正是活动中需要渗透的思政教育内容吗?由此加以提炼,即得我们所需要的思政目标:轻伤不下火线,坚持;凡事都有底线,别碰。

思维过程如图1-4所示，这个过程完全符合RMI原理。如果把从活动目标到思政目标的思维记作f，把活动内容到思政内容的思维记作g，则$f=\varphi^{-1}g\varphi$，f与g的关系便是抽象代数所定义的相似。

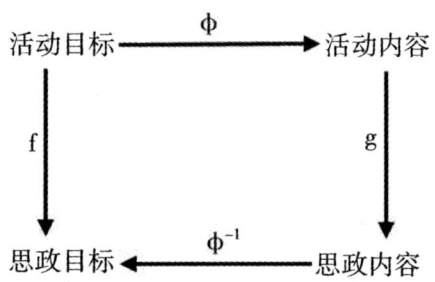

图1-4　RMI原理在"活动思政"中的运用

上述RMI原理，是开展"活动思政"通用的方法（原理）。设计课程思政时，同样可以借鉴这个原理。

1.12　叠加法

张雅静　2020-2-13

叠加，是指使一物与另一物占有相同位置并与之共存，一层一层地堆积起来。叠加法运用广泛，比如现在流行衣服的叠穿，当你在毛衣或者卫衣当中，叠加穿一件白色T恤或者衬衫，就会显得非常时尚。现在流行的各种裙子，就是创意叠加的产物：百褶+裙=百褶裙，上下连接+裙=连衣裙，喇叭型+裙=喇叭裙，距离+裙=一步裙，旗袍+裙=旗袍裙……很多女生在化妆时，彩妆用品的一层层叠加，会让妆容更加服帖、精致。

那么，在我们的"活动思政"开展中，是否也可以运用叠加法，让活动效果达到双倍甚至多倍呢？答案是肯定的。在"活动思政"策划过程中，有效运用叠加法，可将一些常见的活动融入思政元素，使得育人效果更加凸显。

我们和计算机学院联合开展的"红色运动会"，就充分运用了"叠加法"，将"运动会"与"红色教育"叠加，让学生的"身""心"健康、素养都得到提升。通过"红军的扁担"、"舍身炸碉堡"、"艰苦长征路"、"胜利的红旗"等项目开展，让学生强健了身体、了解了历史、感悟了红军精神，凝聚起更加强大的爱国力量和情怀。

活动结束后，一位参赛的"小红军"说："这样的活动既有意义，又有意思。和即将举行的校运会相比，我更愿意参加红色运动会。校运会适合体育成绩好的学生参加，而红色运动会适合任何学生。"

你看，看上去毫不相干的两个元素的叠加，带来了如此"意想不到"的效果。这种叠加不是简单的"1+1=2"，而是具有超值意义的"1+1>2"。红色运动会打破了传统的运动会模式，让学生产生兴趣、付出行动、体会收获。我想这就是"活动思政"的意义所在吧。

叠加法为"活动思政"策划与实施拓展了创意的空间。这种叠加可以是两个元素的叠加，也可以是多个元素的叠加。

1.13 嫁接法

陆模兴　2020-2-14

嫁接，是植物的人工繁殖方法之一。即把一种植物的枝或芽，嫁接到另一种植物的茎或根上，使接在一起的两个部分长成一个完整的植株。我们把这种嫁接法用于活动思政的策划，以另一种方式发挥"1+1>2"的效果。相较于注重共存的叠加法而言，嫁接法的改变意味更加强烈，它注重嫁接后的"化学反应"，即嫁接后的"生命力"与适应性问题。真人"跳一跳"挑战赛，是软件学院重视现实生活素材，将热门的微信"跳一跳"游戏小程序，嫁接到学生活动，融入"绿色主题"活动思政的经典案例。

2017年12月28日，微信更新的6.6.1版本开放了小游戏，微信启动页面还重点推荐了小游戏"跳一跳"，这款小游戏非常魔性地占领了大家的生活，睡觉跳、坐地铁跳、蹲马桶还在跳，玩法很简单但是让人乐此不疲。

2018年3月初，由学生处主办的第十三届心理健康活动月开幕，软件学院提交的活动方案创造性地将微信"跳一跳"嫁接到学生活动中，该活动取材于微信"跳一跳"，但其内涵有显著提升：一是在控制权上，微信"跳一跳"通过按压屏幕，施加不同的力度，操控一枚棋子在不同的盒子上跳跃，而我们的真人"跳一跳"，则由学生自主进行跳跃，也是从一个盒子跳到另一个盒子；二是融入了思政元素，以真人"跳一跳"的形式唤起同学们锻炼身体强健体魄的意识，鼓励同学们

"走下网络、走出宿舍、走向操场",做一个身心强健、充满活力、朝气蓬勃的阳光青年。

真人"跳一跳"一经发出便吸引了2600多位同学的关注,活动累计收到软件学院、计算机学院、智能制造与装备学院、管理学院等10个学院130多支队伍,500多名同学的报名,足见该活动的受欢迎程度。活动当天校党委书记刘锦、副校长吴跃文、党委办公室主任李云恒也兴致勃勃地来到现场,共同为挑战选手加油鼓劲,校团委马国栋书记还亲自上阵,带头"起跳"。

1.14 植入法

陆模兴 2020-2-15

"植入"一词,具有扩展的意思,如在影视剧中加入软性广告。它指在影视剧情、游戏中刻意插入商家的产品或服务,以达到潜移默化的宣传效果。由于受众对硬性推销有天生的抵触心理,把商品融入这些娱乐方式的做法往往比硬性推销的效果好得多。

高职学生普遍有一个相似的经历:以前在学校里不受老师待见,在家里不受父母待见,长期处于压抑状态。对这一群体,充分把握学生心理活动、行为规律,用倾听、诱导、渗透、沟通等方式将思政教育的要求转化为学生的自觉行动显得更为重要。在此,软性思政教育元素的植入显得更为重要。

"暖话"征集就是关注学生成长、植入软性思政教育的案例。"好言一句三冬暖,恶语伤人六月寒。"暖话是人与人良好沟通的纽带,学校、家庭、社会都应该多说暖话。为了让学生学会沟通,给他人带来温暖、幸福感,党委学生工作部(学生处)、校团委和软件学院党总支联合发起,在全校师生中征集"校园暖话",通过师生的参与、评选,我们挑选出12条"校园暖话",每月推送一条,让这些"校园暖话"迅速流行起来,温暖整个校园。

"暖话"征集植入思政教育元素,注重情感载体的运用,它赋予学生思政教育以感性美,是一种温暖的教育方式。"暖话"教育改变了以往思政教育过程中的"高压"姿态,使得教育更加细腻,在这种更加人性化的氛围中,大学生更易形成积极的态度,发自内心的价值追求。这种教育方式要求学生以自己的需要、价值取向、认知结构、情感结构、已有的经历等完整的"自我"去理解、去感受、去建构,回到生活实际中去解决问题,从而生成自己对事物的独特的情感感受、领悟和意义,进而推动受教育者的生活与学习的成长。

1.15 渗透法

陆模兴 2020-2-16

渗透法是活动思政最常见最重要的方法。"渗透法作为一种施教方法或手段,是指教育者隐藏思想政治教育的主题和目的,淡化受教育者的角色意识,按预定计划将思想政治教育内容有机地融入教育对象所处的学习、工作和生活的氛围(载体)中",进而对受教育者施加暗示与引导作用的过程。①

渗透法的要点是把活动内容和思政元素完全融为一体,以至于分不清彼此。软件学院创建的"职业素质银行"就是渗透法运用的典型案例。2016年9月,《中国学生发展核心素养》研究成果正式发布。学生发展核心素养指学生应具备的能够适应终身发展和社会发展需要的必备品格和关键能力,是关于学生知识、技能、情感、态度、价值观等多方面要求的综合表现。但是如何科学、有效地加强对学生发展核心素养的过程性评价,推出一款集科学性、交互性、有效性于一体的评价系统,成为高校教育改革与发展进程中的迫切需求与必然选择。为此,我们在2011年就已创建的"素质银行"基础上,结合高职学生职业生涯规划的需求特点,同时强化思政教育的渗透,形成了一个焕然一新的"职业素质银行"体系。"职业素质银行"是高职教育改革与发展的产物,它研究高职学生的职业素质养成与评价机制,符合高职学校教育的使命要求。

软件学院学生"职业素质银行",突出硬目标、制定硬措施、细化硬指标,以社团、活动为依托,从人文底蕴、科学精神、学会学习、健康生活、责任担当、实践创新六大素养出发,努力培养德智体美劳全面发展的人。它注重寓教于无形,创设和利用一定的教育环境或载体,在不显山不露水的方式中对受教育者进行感化和熏陶,实现对他们的思想引领和行为塑造。

---

① 刘伟:《西方发达国家隐性德育的基本特征及其启示》,载《教育科学研究》,2012年第10期,第62—66页。

1.16　什么样的活动才算"有意义"

黄国辉　2016-3-30

通常我们的校园活动策划来自底层，来自学生，似乎这并无不妥。可如果这种方式成为千篇一律的套路，就值得反思了。

我认为，好的活动创意，一要高手参与策划，二要有好的"出发点"。我不否定学生中有高手，但我们放手交给学生策划的一些活动，学生往往只关注活动的趣味性（有意思），即便是思想教育或科技比赛类活动，最后整出来的还是文艺表演，而且没有一个核心的主题，看上去像一碗"乱炖"。

所谓好的"出发点"，即活动的目的意义。例如"日行一善"活动，其目的意义是：对大学生进行"善"的教育，提升他们的人文素质。

2015年11月底，张武副校长①到各学院调研时，商务管理学院的党总支书记谈到信息经济系08、09、10三个年级的学生毕业后特别优秀，这和当时学校开展"日行一善"活动有很大关系。那次调研会上，商务管理学院的辅导员还提出，"日行一善"应该对老师也有要求。

那么，什么样的活动才算"有意义"呢？

第一，围绕党政中心工作开展的活动肯定有意义。比如我

---

① 张武，时任深圳信息职业技术学院党委委员、副校长，现任党委副书记、纪委书记。

们以前开展的"小爱·大爱·博爱"主题教育活动，是汶川地震后首任校长张基宏亲自提出的一个活动；还有"感恩母校"毕业赠言活动，也是校长首倡的。

第二，能解决学生普遍存在问题的活动肯定有意义。如前面提到的"日行一善"活动，之所以在多年后还被人提起，就是因为它影响了好几届学生，真正帮助他们提升了人文素质。

第三，能获得主流媒体关注的活动肯定有意义。主流媒体关注那些时代感很强、有亮点、有新意的活动，其中包括围绕党政中心工作开展的活动。

1.17 怎样让学生活动更"有意思"

黄国辉　2016-3-30

我认为，让活动"有意义"其实不难，难的是让活动"有意思"。我发现，很多学生干部的做法是：拉企业赞助，活动过程中穿插抽奖环节。这是他们的绝招，屡试不爽。还有些学生干部的做法是：穿插文艺表演，如舞蹈、魔术、小品等。这也是可取的，只是不要喧宾夺主就好。

如果不借助外力，如何让活动更有意思呢？我觉得对活动进行必要的包装极为重要。比如"日行一善"活动，我觉得养成好习惯不应该只是小学生的事，上了大学仍然十分重要。可如果只是开个班会，辅导员在会上给大家强调一下要养成哪些好习惯，那就没意思了，这和小学里的"习惯养成教育"

没有两样。但如果换个花样，搞成"好习惯促销"，其意义和意思都不一样，"促销"是多么有趣的一件事啊！你把一个影响你十几年并从中受益的好习惯，促销给全班几十个人，这比你走进社区当几小时志愿者做几件好事更有成就感。

此外，减少工具、增加难度也能让活动更有意思。例如，有个少儿节目让小朋友一笔写出"田"字——这在数学里是不可能问题，因为"田"字不可以一笔画。后来有人发现，只要把正方形纸片折起一个角，便可如愿以偿，于是这个活动便很有意思——哈哈，原来还可以这样做！

1.18　两种重要的思维方法[①]

黄国辉　2017-9-30

人的差异不在于语言，而在于思维。现在的招聘都要面试，面试成绩不佳者通常把自己的失利归结于嘴笨。其实不然，对于思维而言，语言是其工具；对于语言而言，思维是其前提条件——没有经过思维的语言是不存在的。可以说，语言的妙趣和感染力，往往取决于敏捷而深刻的思维。

思维能力的差异又在哪里呢？我认为，一是发散思维，二是逆向思维。

---

① 好的活动需要好的创意，这就涉及创新思维方法。这篇日记谈到的发散思维、逆向思维是两种常用的思维方法，需要熟练掌握，以便在策划活动思政方案时运用自如。

先说发散思维。我担任过各种招聘、竞职的面试考官，面试者有博士、硕士，也有本科生；有教师、公务员，也有领导干部；有入学、入职，也有升职……我发现无论哪种情况，多数面试者都存在思维狭窄的毛病，只会人云亦云，就事论事，不能发散思维，拓展思路，即便答了三点、五点，也是一个意思，或者局限于一个很小的范围内。

例如，某高校招聘辅导员有这样一道考题：你在图1-5中看到了什么？请结合工作中的亲身经历，谈谈你对这幅图的理解与感悟。

图1-5　你看到了什么？

多数考生只回答"看到了Yes和No"，没想到说"在No中看到了很多个Yes"，更没想到说"看到了很多个Yes组成一个No"。看问题的角度单一，理解与感悟自然也就有局限性、片面性。

实际上，这个问题需要从多个角度思考、剖析：

（1）看到了Yes和No，人都有优点和缺点，既要看到优秀学生的缺点，又要看到后进学生的优点；（哲学背景是对立统一规律和否定之否定定律）

（2）在 No 中看到了很多个 Yes，要排除"首因效应"的影响，透过现象看本质，用显微镜去看"问题学生"的优点；

（3）看到了很多个 Yes 组成一个 No，即每个细节（局部）正确，不等于整体正确。所以既要埋头拉车，又要抬头看路，避免犯方向性错误；做任何事情，首先要有大局观、全局意识。

再说逆向思维。有时候，逆向思维比发散思维还要难。举个例子，大家都知道，说到安全方面的话题时，管理者都喜欢用"万无一失"这个词（万分之一的失误也不允许），我从来没有听人说过"一失万无"，直到前天单位开会，刘锦书记用了这个词，我才茅塞顿开。

关于"万无一失"和"一失万无"，用数学来解释非常简洁：

万无一失，就是 $10000 \times 1 = 10000$；

一失万无，就是 $10000 \times 0 = 0$。

现在的公文里经常可见倒逼、倒查这类表述严厉的词语，实际上确实有不少问题经不起倒逼、倒查。还有不少活生生的例子可以说明，有些话正说没人听，倒过来说就不一样；有些人际关系之所以紧张，殊不知正是因为每个人都只愿意正向思考，不愿意倒过来想一想，更别说站在别人的角度想一想……

1.19　品牌活动的评价标准和相关原则[①]

黄国辉　2011-1-18

可以通过认同度、影响力、生命力三大标准来对品牌活动进行评价。

认同度：品牌活动必须体现思想性与艺术性的高度统一，具有强大的吸引力和感染力，能够调动大学生自觉、主动参与的积极性，让他们在潜移默化中受到深刻的教育。认同度的高低取决于参与率、满意率两个指标。

影响力：必须体现时效性和前瞻性的高度统一，具有时空的穿透力，能够影响大学生今后10年、20年、甚至一生的世界观、人生观、价值观。

生命力：必须体现实效性和持续性的高度统一，各种品牌还应该形成一个有机的整体，具有持久的生命力。没有实效或者只是昙花一现的活动不能称之为品牌，没有"十年磨一剑"的精神和毅力打造不出真正的品牌。

活动品牌的打造应遵循以下四原则：

科学性原则：关于商业品牌的研究已经形成了专门的研究领域——品牌学，其中的一些原理可以运用于活动品牌。活动品牌同样可以作为一门学科，同样需要遵循科学性原则，同样需要尊重客观事实，遵循教育规律。

---

① 黄国辉、程建伟：《90后大学生主题教育活动品牌打造与创新》，载《深圳信息职业技术学院学报》，2011年第30期，第1—5页。

个性原则：个性是品牌活动区别于一般活动的元素，有个性的品牌才有生命力，才是真正的品牌。个性化是活动品牌赖以生存、发展的必由之路。

稀为贵原则：一所高校，一个部门，推出的活动品牌应少而精，不能同时推出许多个活动品牌。个个都是品牌，等于个个都不是品牌。

持久性原则：活动品牌的培育绝不是权宜之计，活动品牌的打造是一项艰巨而复杂的系统工程，不可能一蹴而就，需要持之以恒。倘若今年搞一个品牌，明年又换一个品牌，其结果必然像"黑熊瓣苞米"那样一无所获。

1.20　品牌活动的创新原则和方法[①]

黄国辉　2011-1-18

在当前大学生思想政治教育工作中主要存在两对矛盾：一是加强大学生思想政治教育的重要性和大学生对传统思想政治教育存在排斥心理之间的矛盾；二是大学生成才愿望强烈和成才方向模糊之间的矛盾。大学生是一个思维非常活跃的群体，只有不断创新、与时俱进，才能找到真正适合不同时期学生思想状况的教育形式，进而实现可持续发展。大学生主题教育活动本身就是思想政治教育的一种创新，如何能将这一形式继续

---

① 黄国辉、程建伟：《90后大学生主题教育活动品牌打造与创新》，载《深圳信息职业技术学院学报》，2011年第30期，第1—5页。

有效的开展下去，这就要求在观念、内容、手段、机制多个方面不断创新。但是创新与继承不是矛盾的，而是相辅相成的，我们要在继承和发扬之前形成的较为系统的思想政治教育的优良传统基础上，着力寻找新的突破和发展。大学生主题教育的内容要紧扣时代的脉搏，弘扬时代的主旋律，实现内容的创新；要善于借鉴、利用网络多媒体技术，逐步占领大学生网络思想政治教育阵地。

大学生主题教育活动品牌创新需要遵循如下四个原则：

主题不变原则：品牌创新的实质并非推倒重来，不是为了打造一个新品牌而废掉一个老品牌，而是对已有品牌加以改进、完善。活动主题是主题教育活动的根基，不宜轻易改变，否则就是动了根基，建立在这一主题（根基）上的活动也就不复存在，品牌的生命也就终止。

育人为本原则：主题教育活动应以育人为本，即以学生为中心，以塑造大学生品格为核心内容。无论品牌如何创新，这一点不能变。品牌创新需充分考虑社会对人才的最新要求以及教育对象对活动品牌的认同度，这样才能真正实现活动品牌创新的目的。

与时俱进原则：真正的品牌应该随时代的变迁而改进，其个性以及受众（教育对象）对它的情感会随时代的步伐而变化。一方面，要保持活动品牌的稳定性，用创新的手段改进、完善已有品牌，通过延续品牌的生命力扩大其影响力；另一方面，品牌的打造与创新要与时俱进，如果品牌已成"朽木"那就不可再雕，应立刻抛弃。

自我教育原则：90后学生的特点就是自我意识强，自主自立，为了使我们的教育被学生认同、接受，就一定要顺应学生的特点，充分尊重和体现其主体地位，调动其参与教育过程和自我教育的积极性。我们应注重在主题教育活动中让学生当"主角"，学生自己能做的，就让学生自己去做；学生自己能管的，就让学生自己去管；能让学生参加的，就让学生主动去参加，充分发挥学生的自我教育、自我管理、自我鉴别、自我启发、自我提高的作用。

目前，大学生主题教育活动存在以下不足：重活动方案的策划，轻活动意义的反思；重活动品牌的打造，轻活动品牌的创新；重活动内容的时效性，轻活动主题的前瞻性等。

关于活动品牌的创新，我们可以从理念、载体、手段、机制等多方面入手：

第一，创新理念，提升内涵。如果只是强调活动方案的策划和实施，忽视活动意义的反思和活动理念的提升，那么这样的活动只能算是一个"制造"，不能成为"品牌"。品牌活动必须有一个发人深省、令人振奋的主题，这个主题一经确定不宜轻易改变，但与主题相关的教育理念需要创新、提升。通俗地说，瓶子可以是旧的，但里面的酒要不断更新。因此品牌活动要重视选择时机，关心热点，依托特色，贴近学生实际，富有新意。

第二，创新载体，贴近学生。根据杠杆原理，支点越靠近待撬动的物体越省力，这就提醒我们要在改变工作思路、创新活动载体上下工夫，力求活动贴近实际、贴近生活、贴近大学生，实现由单向性向多向性拓展，由偏重灌输向注重渗透拓展，由居高临下向深入基层拓展，这样才能使主题教育活动真正取得实效。例如，伴随着以"所有人对所有人的传播"为特征的新媒体的长足发展，中国社会正在涌现出一个"新意见阶层"——关注新闻时事、在网上直抒胸臆的网民。而很大比例的"90后"大学生成了这一阶层的主要力量。新媒体时代的教育者要紧紧把握时代脉搏，学会用现代传媒解决问题和开展品牌活动，可通过MSN、QQ群建立群聊机制，通过电子邮件、飞信、微博、手机短信系统及时发布相应信息，参加BBS的"版聚"，积极介入学生博客、播客、校友录等网络空间等，合理运用现代传媒手段建设大学生的现实和虚拟双重精神家园，拓展大学思想政治教育途径。

第三，创新手段，寓教于乐。在科学技术发展的今天，仍然依靠形式呆板，缺乏创新性的单一说教手段，已不能适应信息化的发展。为了达到更好的思想政治教育效果，国外尤其是西方国家十分重视隐蔽性教育方式的运用，即在教育过程中，教育者隐蔽教育目的和意图，通过间接、暗示等方式，使受教育者在不知不觉中受到教育。因此在新的形势下，对大学生思想政治教育，应避免太直白和空洞说教，而要讲求春风化雨、潜移默化。我们可以借鉴文体活动的做法，在主题教育活动中引入竞技、娱乐等手段，寓教于乐，以"润物细无声"的方式，让学生在不知不觉中受到公民权利和义务教育、爱国主义教育、世界观价值观教育等思想政治教育。

第四，创新机制，增强实效。一是调节评价机制，激发学生主动参与活动，扩大活动的参与面和影响力，通过"内化"达到塑造学生品格的目的；二是简化活动过程，缩短中间环节，调动活动组织者的积极性，提高活动效能；三是强化目标管理，对活动的预期目标进行评估，在差距中找到创新的突破口。

总之，大学生主题教育活动品牌的打造和创新是一个长期的过程，各高校应该根据品牌打造和创新的各项原则，结合本地文化特色和本校学生的特点，建立健全品牌活动的长效机制，落实相关责任，给予配套经费，重视激励与评估，这样才能使主题教育品牌活动取得长远实效。

中篇

实 例

本篇分"抗疫"、案例、社团、讲稿4个板块。

"抗疫"属于思政活动，内容涉及深圳信息职业技术学院软件学院在疫情防控期间的举措和部分老师、学生的感悟。

"案例"侧重几个具体的"活动思政"实例，如"红色运动会"、"穿越火线"挑战赛、快乐贴墙站、"日行一善"等，还涉及关于"行动力"的讨论和关于辅导员工作的创新做法。

"社团"是开展"活动思政"和思政活动最重要的抓手，是活动育人的主要载体。早起训练营、快乐减肥团、相约图书馆等社团不仅起到培养好习惯的作用，还通过教师主导、"一社三雄"等方式，在各种社团活动中渗透思政教育。

"讲稿"主要收录了软件学院毕业典礼、教职工大会、团学活动、主题班会等场合的讲话稿，讲稿涉及一些新理念、新做法，对高校二级学院"三全育人"提出了一些新思路。

抗 疫

2.1 疫情之下，我们该做什么

黄国辉　2020-2-5

疫情之下，对普通人来说，足不出户就是在做贡献。我们在全院师生中倡导的"日行一善"，在当前具有特殊的意义：为了防止被感染，坚持每天宅在家里，直到疫情防控进入"安全期"，就是"日行一善"。

疫情之下，我们该做什么？武汉封城之前，大家都没有意识到问题的严重性。2020年1月18—20日，一连三天我和标杆组的同志们一起在学校加班，突击完成《跟党徽学党建》书稿。后来，天天待在家里，喝茶、看电视、看"学习强国"，看各种有关疫情的信息，关注、分析相关数据。再后来，我决定做一件特别有意义的事：用30天写一部"活动思政"与思政活动的读本。

最近，我感觉还应该做点什么。越是非常时期，越要关注学生的思想、心理动态，做好思政工作。眼下，全国上下万众一心、众志成城防控疫情，正是思政工作的好契机。连日来我一直在牵挂，软件学院2000多名学生都在家吗？他们在家干什么呢？我们的辅导员除了按学校（上级）要求发布相关信息、统计相关数据外，还应该给同学们布置一点"寒假作业"

才好。

我先后布置了六项工作，包括：线上"党日活动"，征集"活动思政""课程思政"优秀案例，线上主题班会，"抗击疫情"主题征文、朋友圈内容设计大赛等。我把任务分别布置给相关人员，并要求他们在2月5日交方案、发通知，2月20日前完成整个活动。这些活动有些是针对党员、辅导员、老师的，有些是针对学生的。学生方面，我希望辅导员引导学生"疫起成长"，做一些有意义的事，不要宅在家太无聊；同时，通过征文、设计大赛，了解同学们在这场"战疫"中，做了哪些有意义、有内涵的事情；是怎么做的，有什么收获。

对于在家休假的老师、学生来说，最重要的是提升对"抗击疫情"的思想认识，安心待在家里，让宅在家里的寒假生活一样丰富多彩。

2.2 疫情之下，我们为什么要足不出户

黄国辉　2020-2-11

疫情之下，对于没有治病救人和相关特殊使命的普通人来说，我们为什么要足不出户？除了医学上的解释外，这个举措还和"六度分隔理论"有关。

六度分隔理论在上篇《普遍联系——六度分隔理论》已经介绍过。按照这个理论，无论我在世界的哪个角落，我和病毒携带者之间最多只隔着6个人（节点）。而且，我和疫区的距离越近，所在区域和疫区的联系越多，我和病毒携带者之间

分隔的节点越少。尤其是，如果我生活的小区已经出现了感染者，这个节点数就是可怕的"0"——这就是"足不出户"的必要性（图2-1）。

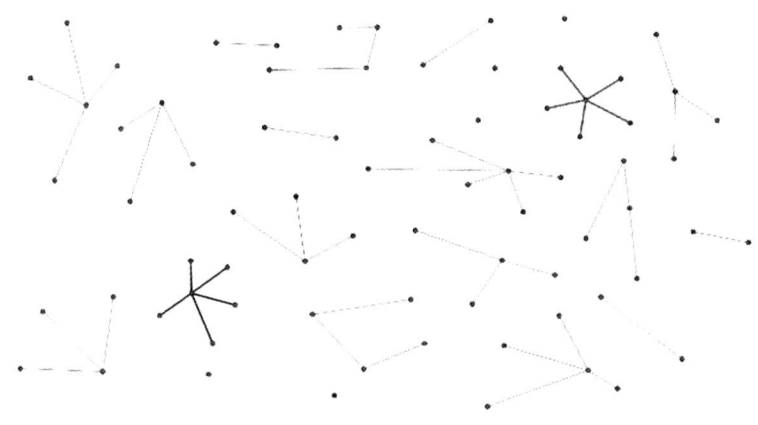

图2-1　足不出户隔离疫情示意图

即便你生活的小区没有出现感染者，你也不可麻痹大意，因为你和病毒携带者之间可能只隔着1个人（节点）。

如果没有"管住腿"，那么健康者与感染者之间很容易产生链接，而且链接路径不只一条；如果大家都足不出户，那么每个家庭都成为一个孤立点，从而起到隔离疫情的作用。

所以，大家一定要耐心，继续安心待在家里，一定要"管住腿"。以前有些人没有"管住嘴"，导致现在如此严重的后果！现在大家都得"管住腿"，不要给医生添乱，不要给政府添乱，不要给国家添乱。

2.3 疫情之下的教育思考

陈亚敏　2020-02-26

2020年，一场突如其来的新型冠状病毒疫情严重影响了人们的工作和生活，给全社会踩了一个急刹车，打乱了正常的生产、生活和学习节奏。危机面前，往往都隐藏着机会，危机越大，机会也就越大。面对此次疫情，足不出户的我们或许正时刻关注着疫情的发展和讯息，传递着"抗疫"正能量。而作为高校辅导员，我一直在思考"抗疫"中的教育契机，"疫情"背景下开展什么教育更接地气更为迫切更为有效。

一、加强爱党爱国爱社会主义教育

新冠肺炎疫情发生以来，在以习近平同志为核心的党中央坚强领导下，始终把人民群众生命安全和身体健康放在第一位，全国人民团结一心、科学抗疫，有效控制住了疫情快速蔓延态势，并为全球疫情防控贡献出中国力量和中国方案。我们要把中国共产党领导全国人民取得的战"疫"成绩、彰显出的集中力量办大事的制度优势、组织优势等进行深度挖掘，用客观的事实和科学的数据理直气壮地引导学生爱党、爱国、爱社会主义，不断增强大学生的"四个自信"。

二、加强生命教育

生命教育既关乎人的生存与生活，也关乎人的成长与发展，还包括生存能力的培养和生命价值的提升，倡导认识生命的意义，从而提升生命质量，实现生命的价值。这次疫情的爆发，给我们的生命安全和身体健康带来严重威胁，此时开展"生命教育"是应运而生，因势而为，要积极引导学生敬畏"生命"，珍爱"生命"，赋予"生命"以价值。虽然新冠病毒来源依然不确定，但专家表示，病毒通过野生动物传人有较大的可能。要引导学生树立"人与自然和谐共生"意识，心存敬畏，尊重规律，与自然和谐相处，自觉加强公共卫生意识，采取最科学的措施保护自己和他人。同时，我们要把在疫情防控中，无数的共产党员、医护人员、社区干部、志愿者不顾自身安危，逆行上抗疫前线、下沉一线，把个人命运与国家命运联系起来，涌现出的许许多多"舍家为国"的英勇行为和感人事迹解读好，宣讲好。用疫情防控这本鲜活教材，引导他们主动担当和奉献，不断绽放生命的价值。

三、加强"三观"教育

疫情给世界政治、经济和金融等产生深刻影响。随着疫情不断向全球蔓延，全球患者激增带来的物资的匮乏、向他国逃荒和国际贸易限制等都面临巨大考验，如果疫情得不到有效控制，没有哪个国家或个体能独善其身。作为新时代的大学生应树立好"三观"，即全球观、全局观和未来观。一是能够尊重差异，看到"不同"，依然能够尊重"不同"，还能在"不同"中寻找到"同"，而不是要改变"不同"。二是要有全局观，能够树立利他思想，换位思考，多角度全方位的统筹考虑。三是要有未来观，要能够站在未来思考问题，创造性地解决"未来"问题，强化危机意识和超前意识。

世界往哪里去，未来往哪里去，都在于年轻人的选择和行动。今天我们遇到了困难，但这也是年轻人的机遇，是创造价值的机遇。作为一名思想政治教育工作者，理应在大学生最需要精心引导和栽培的"拔节孕穗期"，应势而谋、因势而动，顺势而为及时播下真善美的种子，培养合格的社会主义接班人和建设者。

2.4 在正确的生活方式上，多做一点

王永伟　2020-2-24

2020年，从数字结构上看可谓阅之圆满、闻之美好！然开年以来发生的诸多事件，却让人不寒而栗。肆虐全国的新型冠状肺炎病毒刺激着全国人民的神经，放眼整个神州大地，也只有西藏这片"净土"了。

面对疫情，相信多数人都被裹挟其中，商店关了、社区封了、人们禁足了……一连串触目惊心的数字，刷新了我们对这场疫情的认知。

面对疫情，人是多么渺小、脆弱！人们不禁感叹，哪怕地大物博，也不能不尊重自然；哪怕人类再强大，也要学会与地球上其他物种和谐共生。

面对疫情，我们应该更多地去反思，应该做些什么？

睡得早一点

睡觉的好处，已无需多言。早睡对于各个年龄段的人来说，都有益处。养成早睡的习惯，学会休息更是有助于提升行动力。"按时作息"这个行动力解决了，充沛的精力、健康的身体就都有了。疫情当下，我们换种心态，去体验这个世界上除了吃喝玩乐之外，最舒服且又最实惠的事情——早睡！

书读多一点

作家张晓风说：生活里最快乐的是聊天，而读书，是最精致的聊天。疫情当下，如果自己经常独处，没人聊天，不妨找一些书来读。读书，在曾经固有的认知里，受众很小，只是少数人的消遣方式。其实，书里，有百般滋味，有千种人生，更有无限风光。对于一般人而言，读书才是高级人生的打开方式。

因为读书，能提升你的逻辑思维与谈吐能力；

因为读书，使你变得虚心、通达与不偏执；

因为读书，可以让你成为一个有温度、懂情趣、会思考的人；

因为读书，能让你站在巨人的肩上，去观察世界，认识世界；

因为读书，可以让你拒绝孤独的造访，拒绝叹息的忧伤；

因为读书，是为了遇见更好的自己。

所以，利用难得的空闲时间，每天读多一些书，让自己成为一个腹有诗书气自华的人。

运动多一点

疫情当下,更应该用运动激发你的"体能自尊"。在运动中,每个人都可以放飞自我,身上所散发的青春、阳光、朝气,使身心保持年轻。因为,当一个人身体动起来,心才能动起来,心动起来,精神才能提上来,才能去好好规划人生,探索世界,认知世界。疫情当下,或受运动条件所限,但要学会适当运动,多走路,勤活动,避免久坐,走健康之道。

快乐多一点

灾难面前,每一粒灰都像一座山,每一滴水都像一片海。面对高山、大海,我们不能只有叹息。我们要学会应对,提升抗挫折能力,同时还要强化自己的内心,让自己快乐一些。新年伊始,世界一直在提醒着你我,学会珍惜。我们总以为来日方长,却忘了世事无常……疫情下的日子里,让我们一起激活体内的快乐因子吧,用真诚温暖的笑容去感染身边的人。

疫情是一场国难。在这特殊时期,我们唯有坚定信念,树立必胜信心,与国家共克时艰。虽然不能像医务人员一样共赴前线,但我们做好自己的事情也是为打赢疫情防控战做贡献。教育家叶圣陶说:"教育的本质就是培养习惯。"在当前疫情之下,我们尤其要养成"睡得早一点""书读多一点""运动多一点""快乐多一点"这些好习惯,并把这些习惯坚持下去。

春天到了，万物复苏，勤劳智慧的中国农民开始了春耕。疫情之下，放眼望去，那绿油油的麦苗和肥沃、广袤的大平原，尤能让浮躁、恐惧的人心安定下来。我相信，冬天迟早会过去，春天也一定会如期而至。我坚信，最后的胜利一定会属于英雄的武汉人民，属于同舟共济、众志成城的中国人民。

2.5 放假不离岗 关怀不打烊

王艳伟　2020-2-12

疫情当前，足不出户就是最大的贡献。但作为辅导员，我不能光看好自己，还得守好自己的"一亩三分地"。我一直在思索，也一直在行动。班群里的防护提醒每日不间断，同学们的动态关注时时不停歇。

1月31日，一名同学丢来重磅"炸弹"："老师，我活的很失败，想自杀也不知道和谁说"。看到信息的一刹那，我紧张得屏住了呼吸，顾不上身边两个正在打架的小家伙，连忙回信息稳住学生："怎么会有这种想法？""我一直都觉得你做的很棒啊！""假期在家怎么样？"一边发信息，一边给家长打电话，请家长赶紧查看学生情况。确认学生还处于安全状态的瞬间，我如释重负。

接下来的时间我一直在鼓励他，转达同学们对他的认可，并安排班委和学长主动找他闲聊；同时还一边向办公室同事和心理健康咨询中心寻求专业支援，一边与家长、学生沟通。初步判定，该学生此次心理危机的诱因和疫情有关：全家人在家相处的时间特别长，孩子难免暴露出惰性、任性，家长又难免为此着急上火，进而严厉批评，导致孩子自我否定的情绪再次爆发。

经过长达 10 多天的反复沟通与心理疏导，学生的心结终于得到了化解。他父亲发来信息说："非常感恩王老师！他还能找您倾诉。有您真好！我这话是真诚的，如此特殊的疫情期间，如果没有老师您这个倾诉对象，后果不堪设想。"

虽然又一次化解了危机，可是以后呢？此时此刻，我回想起入职以来最难过的那一天：3 名学生同一天来找我，说自己得了抑郁症，并跟我讲述了相关细节。当天晚上，我无力地躺在床上，感叹"我好像也有点抑郁了……"但我及时调整了心态。和"抗疫"一线的医护人员，我们遇到的困难不足挂齿。

放假不离岗，关怀不打烊。我们的学生都是初升的太阳，正待发热发光，施展自己的能量。疫情期间也好，安好岁月也罢，作为辅导员，我们会一直在学生身边，默默守护他们的成长，见证他们的光芒。

2.6 云思政——线上"抗疫"主题班会

方银萍　2020-2-23

2 月 17 日，我在三个班级中布置了线上"抗疫"主题班会，要求各班班委认真策划，并在 2 月 23 日之前完成。

各班主题班会分为 4 个环节：

第一，通报疫情情况。班长通报"今日校园"每日一报近一周的填报情况，生活委员提醒同学们每日践行软件学院提出的疫情防控"五要五不要"。学习委员呼吁全体同学要合理安排寒假时间，为考级、考证和各项技能大赛做好准备。

第二，抗疫知识抢答。内容涉及"新冠"病毒的发病状况、传播途径、防护措施等。

第三，发布抗疫作品。每位同学将自己原创的"抗疫"诗词、书法作品、手抄报、手工制品等作品发布在微信群里打卡接龙。

第四，老师温馨提示。辅导员就疫情防控、自主学习、心理健康等方面提要求，并叮嘱大家不提前返校，保持信息渠道畅通，充实居家生活。

各班主题班会就是一堂堂严肃、生动的云思政课，为疫情期间班级建设提供新思路，为抗击疫情凝心聚力，辅导员借此将"疫情危机"化为"教育契机"，让网络"云思政"找到真实的示范案例，引导学生在疫情面前，要常怀感恩之心、保持敬畏之心、增强战"疫"信心。由此，树立正确"三观"，号召同学们用自己的方式表达爱国情感，承担社会责任、家庭责任。

班会上，同学们交流了抗疫心得，舒缓了情绪，凝聚了正能量。我特别欣赏罗嘉奇同学的这篇感悟：

如果这次疫情，放过了人类，那么请人类，今后放过野生动物！如果这次疫情，被医护人员击败，那么请社会，今后善待医护人员！

景区可以关闭，影院可以关闭，车站可以关闭，学校可以延迟开学，商场可以延迟开业，公司可以延迟上班，唯独医院敞开了大门。

我们可以待在家里一动不动，但医护人员却需要24小时随时待命……在这里，我们要向所有抗击疫情的医护人员说一声：你们辛苦了！

2.7 爱，点燃中国速度

钱俊霖　2019级软件技术3-4班　2020-2-29

疫情是魔鬼，我们不能让魔鬼藏匿。面对新型冠状病毒肺炎疫情，一场疫情防控的人民战"疫"在全国打响。

爱，点燃救援速度。为抗击疫情，国家卫生健康委员会协调全国医疗资源，组建援鄂抗疫国家医疗队。截至2月29日，全国派出4.2万名医务人员驰援湖北。是这群最美的逆行者，用爱点燃了救援速度，用爱筑起了抗疫的围墙。当一座城市生病时，守护陪伴它的不仅仅是生长在这土地上的人们，还有一直默默陪伴与关注它的人们。这份爱或许会迟到，但绝不会缺席。

爱，点燃基建速度。新型冠状病毒肺炎蔓延，确诊患者数量每日爬坡。政府为了抗击病毒，集中治疗患者，相继在武汉建立了火神山和雷神山两座以北京小汤山为样板的医院。直到今天，建设者们依然奋斗在一线，用双手为我们筑造钢铁般的围墙。他们用爱与智慧创造了中国历史上的奇迹；他们用汗水和勇气，浇灌着这片他们奋斗深爱的土地；他们用责任与行动,诠释着作为中国人的使命与担当!是他们,为武汉撑起了保护伞,给病毒以沉重的一击。

爱,点燃组织速度。面对疫情防控,习近平总书记高度重视,亲自指挥、亲自部署,多次召开会议、听取汇报、作出重要指示。从发现疫情感染以来,党中央以飞快的速度制订了一系列有效措施,大到各省之间的救援部署,小到各村镇之中家家户户的隔离措施。在面对如此规模巨大的疫情感染时,我们的祖国向我们展示了它作为大国的风采与担当。

新冠肺炎牵动着 14 亿中国同胞的心,或许现在的我没有能力去为我的祖国、人民奋斗在一线的战场上,但我坚定相信着我的祖国与人民,当所有的速度都因爱而加速,我们的祖国就一定会战胜难关。

武汉加油,中国加油!

2.8 面对黑暗 拥抱光明

陆恒浩 2019 级软件技术 3-1 班 2020-2-7

我幻想过无数种战争的样子,那种被硝烟弥漫的天空,看不见光。但谁也没想到战争是以这种方式降临到我们身边,没有枪林弹雨、没有炮火连天、没有断壁残垣,有的是在不断增加跳动的数字,令我们感到窒息、惶恐。

截至 2020 年 2 月 7 日 12 时,确诊 31212 人,疑似 26359 人,死亡 637 人,治愈 1543 人,一场没有硝烟的"战争",席卷肆虐着中国。

疫情发生后，党中央高度重视，第一时间成立专家组应对此疫情，并对疫情严重的武汉及时采取封城等特殊防控方法，全国其他城市采取不同程度的防控政策，有效控制疫情发展。每当危难来临之时，总有一群"逆行者"冲锋在前，用爱岗敬业的职业精神，在平凡的岗位成就着不平凡的事业。

面对疫情，白衣天使们首当其冲。德高望重的钟南山院士、李兰娟院士，身患渐冻症仍坚守岗位的张定宇，剃光头的90后护士单霞，军医刘丽，护士长蒋小娟，还有"吹哨人"李文亮……他们都是新时代"最可敬的人"。

疫情之下，我们让世界见证了中国人具有伟大团结的精神，在前线不断奋战以及物资告急的时候，无数人驰援武汉，捐赠物资，减少出门控制疫情。

疫情之下，"逆行者"中不仅有医护人员、解放军、执勤人员，还有物流司机、公务员、建筑工、心理咨询师、设计师、媒体记者、志愿者、水电工、飞行员，等等。他们每个人都和我们一样，是有血有肉有情感的人，也会因为疫情严重而害怕，也会因为不能相聚而痛苦，却能够舍小家为大家，挺身于国家危难之时，奔赴在人民疾苦一线，他们是最美的逆行者。

回看历史，每当国家和人民陷于水深火热之时，总有这样一群人，他们带着光芒而来，为人们驱散阴霾。他们的无私奉献，展现的是一个国家、一个民族面对危难的气节和精神，是正能量的化身。

2.9 武汉，加油

蔡锦东　2019级移动互联3-1班　2020-2-17

疫情犹如一场黑色的风暴，将我们卷入其中。这场风暴来得是如此的突然，让人猝不及防。新型冠状病毒疫情这一残酷的现实，强烈地牵动无数人的心，这是一场没有硝烟的"战争"。

武汉封城了，父辈们经历的非典时期，也从未如此。交通管制了，要求戴口罩了，物资供应也有保障了，人们的情绪渐渐从恐慌中平复……

有人为博人眼球散播谣言，有人奋不顾身请战当志愿者支援前线；有人为谋求利益而出卖善良，有人在请战书上签下自己的名字按下指印；有人在网上骂武汉人，有人调动身边的所有资源为武汉提供物资援助。总有人在看，也总有人在战。这是多么鲜明的反差！

几千年来，中华民族历经沧桑而生生不息。在中国，从不缺少力挽狂澜的英雄，而且更重要的是，这样的英雄，我们有很多很多！我们每天都能在新闻上看到他们的身影，他们是白衣天使！他们是铁血战士！他们是祖国的脊梁！但他们同样是人，也同样有可能感染病毒，而且他们被感染的可能性更是远远大于其他人，他们也会对来势汹汹的疫情感到害怕。真正的勇敢，不是目空一切，一往无前，而是在了解自己内心的恐惧之后，依旧选择去面对。

我们是普通人，也有我们能做到的事。我们安安心心待在家，其实就已经很大程度上帮助疫情的缓解了。如果可能，我们还应该尽自己所能以自己的方式去提供帮助，拍段暖心的小视频，谱首鼓舞人心的歌，分享一篇鼓励的文章，刻画疫情中那些感动的人、感动的事，为祖国加油……

希望大家相信我们的国家，相信我们的政府，相信每一个至今还奋战在一线战场的医护人员和伟大的中华儿女英雄们！

武汉，加油！中国，加油！

2.10　身着白衣 心有锦缎

林泽奇　2019级软件技术3-4班　2020-2-7

当国人都还沉浸在迎接春节的喜悦中时，谁也不敢想象一场影响全中国的灾难正在悄悄靠近。人们发现并开始警惕它时，它已经开始肆无忌惮地对大家伙发起猛烈的进攻，截至目前，全国确诊病例已破3万，死亡人数也在与日俱增，口罩、酒精已经成为稀缺物品，全网都在报道疫情的进展情况，全国人民都在为早日战胜这场灾难而努力！

疫情之下，总有那么一群白衣天使在为我们的健康负重前行。

钟南山院士今年已84的高龄，17年前是他领军抗战"非典"，17年后又是他披挂上阵冲到抗击疫情的第一线，一边说着"没有特殊的情况，不要去武汉"，一边带着团队义无反顾地奔赴武汉。我记得过年那几天网上有人发了一段话"初一一动不动，初二按兵不动，初三纹丝不动，初四岿然不动，初五依然不动，初六原地不动，初七继续不动，几时能动？钟南山说动才动！"他是国人的保护神，给了我们战胜疫情的绝对安全感。

上海医疗救治专家组组长、华山医院感染科主任张文宏，让年底就在岗位上连续奋战了十几天的医生换岗调整。他说："这批都是了不起的医生，在对疫情的风险性传播性致病性一无所知的时候，他们就这样把自己暴露在病毒的前面。"张文宏的这番话，获得普遍的认同，他被誉为"硬核医生"。

不仅有钟南山、张文宏，还有许许多多的医护人员都在默默付出，他们夜以继日，不眠不休，与病毒较量，为生命站岗。昨天我在微博上看到一篇报道，浙江绍兴人民医院，一对多日未见的医护夫妻在隔离病房通过声音和眼神认出彼此，拥抱在一起互相打气。看到他们拥抱的那一刻，眼眶不禁泛起泪花。在这次灾难结束后，希望医护人员都能够平安归来，好好抱抱自己的家人。

我们应该向他们致以深深的敬意和发自内心的感谢。因为他们，我们不怕。因为他们，我们相信。他们逆行的背影，是庚子年最美的风景！

案 例

2.11 在"火线"上体验思政教育

黄国辉　2019-4-27

为深入贯彻习近平总书记在全国学校思政课教师座谈会上的讲话精神，落实立德树人根本任务，发挥好政治引领、价值引领作用，深圳信息学院软件学院党总支以"全国党建工作标杆院系"立项为契机，积极探索大学生思想政治教育的新理念、新载体、新模式。

根据学校党委的部署，软件学院党总支于2019年4月24日，在学校万国旗广场举办"穿越火线"体商挑战赛。挑战赛以"穿越火线，超越自我"为主题，以"轻伤不下火线——坚持，凡事都有底线——别碰"为精神内核，把思想政治教育渗透到活动中，成为一堂"行走的思政课"。这个活动是第十四届心理健康月系列活动之一，由校党委学生工作部（学生处）主办，软件学院党总支协办，由我院航空母舰式社团"好习惯俱乐部"具体承办。

活动设有4个挑战项目，分别是激动人心的"穿越火线"、温暖人心的"爱的抱抱"、活泼欢快的"真人跳一跳"、放松自我的"趾间减压"。

活动不止于体验和参与，还有反思和自我完善。活动结束后，号召参与活动的学生撰写活动感悟，使学生认识到：学习无处不在，思考形影不离，体商活动不但可以精彩，而且富有教育意义。

学校领导对这次活动十分重视，除刘锦书记、孙湧校长在北京学习外，在校的领导张武副书记、姚学清副校长、吴跃文副校长都拨冗出席开幕式，各有关部门领导和各二级学院书记也应邀出席。这天是学校"媒体开放日"，应邀来的媒体特别多，如《光明日报》、《南方日报》、深圳卫视、深圳电台和《晶报》《深圳商报》《深圳晚报》，以及深圳新闻网等。

"穿越火线"这个从电视娱乐节目中借鉴过来的活动，究竟能够让我们的学生有怎样的体验、获得怎样的教育呢？

第一，体验到意志的力量。"穿越火线"有一定难度，当你一次又一次失败时，你需要坚强的意志，不抛弃，不放弃，坚持下去，直到成功。

第二，体验到协作的力量。活动需要由4人组成的团队完成，团队的协作至关重要。在平日的校园生活中，我们的学生更需要这种协作力，应该少一些人机互动，多一些人际交流，树立团队意识，培养协作精神。

第三，体验到专注的力量。活动时，参与者需要全神贯注，稍有分神就有可能触碰"底线"，导致通关失败。他们将深刻地体会到专注所产生的力量，这种力量会给他们带来奇妙的效果。

第四，体验到行动的力量。成功之路千万条，付出行动第一条。任何成功都是以行动为前提，没有切实的行动，我们将一事无成。

意志力、协作力、专注力、行动力，正是学校党委提出的"体商素养"的精神内核，也是我们的学生今后走上职场所必需的"四大支柱"。

话说千句不如体验一次。300多名学生上阵，接受"火线"考验，其中有一位同学试了3次：第一次，才过几秒钟便触电失败了；第二次，只差几秒钟就成功了——在过最后一个关卡时触电，结果前功尽弃；第三次，花了大约3分钟，终于成功了。从参与者的体验中，我们获得如下感悟：

第一，行胜于言。最近刘书记经常和我们说起这四个字，成功通过"火线"考验后，我们的学生对这四个字的含义体会得特别深。

第二，不能着急。我注意到，每个拐弯处都需要特别小心（人生之路亦然），慢一点、谨慎一点便过了，一着急则容易触电。我还注意到，部队转业到我院工作不久的辅导员卢双全穿越速度很快，只用了1.5分钟便顺利过关；而学生的动作也普遍较快，论动手能力，我们的学生真不错。

第三，以静制动。我也亲自体验了这个活动，穿越时我发现有个技巧：手动的时候身子不能动，脚步移动的时候手不能动。教育亦然，要善于以静制动，以"十年磨一剑"的精神，坚持做对学生成长有益的事情，不能瞎折腾。

值得一提的是活动现场总指挥方银萍老师（学院团委书记），身怀六甲，离预产期只差几天时间，但她仍然顶着烈日坚持在"火线"上工作。后来我安排人代替她，把她撤下来了。

2.12 红色运动会

张雅静　2018-11-8

2018年11月7日,我院在田径运动场举办首届"体商之魂——红色运动会",运动员由软件学院、计算机学院200多名学生党员、入党积极分子和团学干部组成,他们在生动的活动体验中接受了一次深刻的思想洗礼。

这不是一个趣味运动会,也不是一个普通的体商活动,而是一个融爱国主义教育、革命传统教育和体育运动于一体的思想教育活动;活动目的是学红军精神,铸体商之魂,即:信念坚定,意志坚强,乐观进取,勇于拼搏。在改革开放的新时代,青年学生尤其需要学习"红军精神",这个活动就是让同学们体验这种精神。

首届"红色运动会"共6个比赛项目,既有严肃、紧张的"火线救伤员"、"艰苦长征路"、"舍身炸碉堡",又有轻松、欢快的"红军的扁担"、"南泥湾丰收"、"胜利的红旗"。活动现场一片红色的海洋,红旗飘飘,红星闪闪,大学生们扎着红袖标和绑腿,穿着红军、红嫂的服装,全情投入活动之中。我们的首届"红色运动会",受到深圳电视台、龙岗电视台和《深圳晚报》《深圳侨报》等多家媒体的报道。

学生在活动结束后久久不肯离去,拍了很多笑容灿烂的照片。作为活动的组织者之一,我觉得这样的活动非常有意义,效果也很突出。学生感觉很新鲜、很惊喜,愿意加入到这样的活动中,去体验、去感悟。这次活动就像是一次生动的爱国主义教育实践课,一个个项目、一幕幕场景、一次次跌倒爬起,让学生切身体会什么是"红军精神",如何传承发扬"红军精神"。

到了2019年,第二届"红色运动会"将如期而至。我想,这项有意义的活动,在接下来的每一年,都会传承延续下去。

2.13 快乐贴墙站

宋晓清 2020-2-12

"活动思政"这一理念的提出,可以说是我们学院在实施"课程思政"与开展系列特色活动擦出的"火花"。

《国语·楚语》中有云:"夫美也者,上下、内外、大小、远近皆无害焉,故曰美。"美,不仅美在外,更美在内心的善。自古以来,美和善、德等良好品质都是紧密相连的。近年来,我院推出的特色活动"快乐贴墙站"活动就是"活动思政"的典型案例之一。贴墙站活动,让人们懂得人的外在形体美,同时通过塑造外形美,转化为价值观的提升,进而懂得内心修养的重要性,实现"活动思政"知识学习、技能提升和价值引领的作用。

"快乐贴墙站"的具体实施如下:

快乐第一步:训前热身活动。练习贴墙站之前,要进行3—5分钟的热身活动,让身体得到放松和舒展。热身活动包括活动我们的头部、颈部、双肩、大腿、膝关节等,还可配合做适度的呼吸、转身运动等。

快乐第二步：训中练习细节。贴墙站活动在具体实施过程中，仅需要一面结实的墙予以辅助，关键环节在于：第一，先将身体站直、靠墙，将身体的九个点紧挨着墙（后脑勺、肩胛骨、臀部、小腿最突出部和双脚后跟），并保持身体放松，呼吸均匀。第二，身体各个部位还需要做到同步进行，如头正、双肩下沉、肩胛骨用力后靠、直腰、夹臀、双膝并拢、脚后跟并拢等。第三，整个身体保持紧绷状态。第四，以上身体姿势保持10—15分钟。初次练习可5分钟为一个练习单位，后期可慢慢延长训练时长。

快乐第三步：训后注意事项。贴墙站活动需要避开就餐时间和休息时间，同时要穿着舒适的衣服和鞋子练习（可穿运动装、形体服）。此外，每次训练完后，需要保持身体姿态3—5分钟，让大脑形成"肌肉记忆"，有更好的训练效果。另外，在训练过程中，可同时倾听音乐，让练习过程更加轻松有趣。

贴墙站活动是一个典型的活动思政"小切口"——易参与，易获得，易见效，易推广。大多数活动每年只能开展一、二次，而贴墙站活动可以每天一次，每年几百次；其他活动通常需要筹划、准备很长时间，贴墙站活动几乎不需要刻意的准备，而且每次活动的时间也很短。

贴墙站活动与"思政"的融合面也较宽泛，可以融入同步的音乐里，可以体现在刻意安排的默诵里（贴墙站的同时让大家背诵短篇诗文）……即便不在活动中刻意植入思政内容，贴墙站本身也蕴含了思政教育：第一，贴墙站可健身塑形，提升气质，在享受活动乐趣的同时，进行情感熏陶和美的教育。第二，贴墙站活动可以让同学们深度思考活动背后的教育意义，真正实现"活动思政"的初心和使命。第三，通过贴墙站活动，让全院学生参与到活动中来，实现"三全育人"的教育理念和目标。

贴墙站活动还能充分体现意志力、协作力、专注力、行动力的培养。

其一，培养行动力。简短的 15 分钟，随时随地找到一面墙即可练习，促使学生养成"立即行动"的好习惯，并将这种意识迁移到各个方面。

其二，提升专注力。贴墙站时需要全身心投入，身体的各个部位、呼吸的掌控，以及对身体重要部位用力的拿捏等方面都需要做到专注。

其三，提高协作力，主要体现为身体各个部位的平衡与协调，大脑与身体的平衡协调，身与心的和谐统一，甚至是身体与周围训练环境的和谐。

其四，增强意志力。贴墙站练习虽简单易学，但需要学生每天循序渐进，不断提高训练的强度和耐力，深刻体验坚持的意义，以及不断坚持走向成功所带来的"体验美""感悟美"。

通过贴墙站练习活动，我们发现，学生在这一活动过程中，将具体知识学习、技能提升和价值引领等各方面综合起来，真正实现"活动思政"的要求，在活动中领悟思想政治教育，在思政教育中融入轻松有趣的活动，从而实现活动中有思政、思政中有活动。

2.14 从"活动思政"角度看"日行一善"

陆模兴　2020-2-10

杜威曾说:"教育即生活。""离开了参与社会生活,学校就没有道德目标,也没有什么目的。"随着大学生成长环境的变化,"高压式""单向式"说教为主的思政教育已难以跟上受众的变化,学生活动也应当顺应时代发展的要求,用发展的眼光审视和面对这一现实。

软件学院党员总支开展"日行一善"主题教育,紧密根植于大学生生活实际,以"德育实践"的方式对大学生进行思想政治教育,让"善举""善念"内化于心,外化于行,并借此提升整个校园文化建设,以"环境""氛围"对大学生思想政治、道德品质、行为规范等发挥着润物细无声的作用。

勿以善小而不为,勿以恶小而为之。"日行一善"就是每天都要有善举,即存善心、纳善言、践善行,养成好习惯。"日行一善"就是让学生坚持做力所能及的小事,让学生在"行善"中感受温暖、感受幸福、感受成长。

一人行善勉为难,众人行善顺水舟。校园中"善小而为"习惯的养成,终使小善成为大德。"日行一善"习惯的养成,并非零碎、杂乱的习惯,而是以习惯为路径,融入思政教育理论内核的"活动思政"的德育实践,它明确指向人格塑造。"日行一善"对学生生活的嵌入,让学生的教育生活从被学科割裂变得完整,践行"日行一善"的过程,就是幸福教育生活的重构。

尽心做、悄悄做、随手做才是真正的"日行一善"。"日行一善"从现在做起，从我做起，从小事做起，从身边事做起，让"行善之德"润养每个学子。

2.15 关于"行动力"的三次实验

黄国辉　2019-5-21

这是一个特殊的"活动思政"案例，活动对象是辅导员。

在今天上午的例会上，为了加深辅导员们对"行动力"内涵的领悟，我带着他们做了一个"折纸撕角游戏"。游戏分三次，采取了不同方式。这个游戏是从清华培训学来的，原本只有两次（下文的实验一、实验三），是用来解释领导力和执行力两者的关系。我添加了"实验二"，用它来解读"行动力"，并增加了游戏的数学解释。

三次实验及结果

〔实验一〕每人发一张 A4 纸，大家跟着我把这张纸先后对折三次，然后把折好的纸旋转 90 度，再撕掉右上角、左上角，最后把纸展开。

整个过程不允许提问，结果 8 名辅导员得到的结果五花八门，有三个洞的，也有一二个洞的，还有没有洞的（如图 2-2、图 2-3 所示）。

中篇 实例

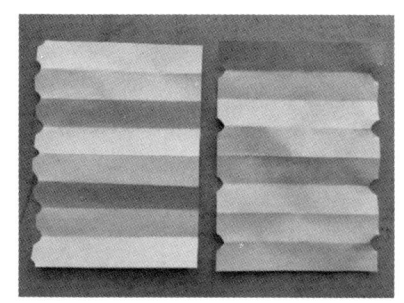

图 2-2　四种不同结果

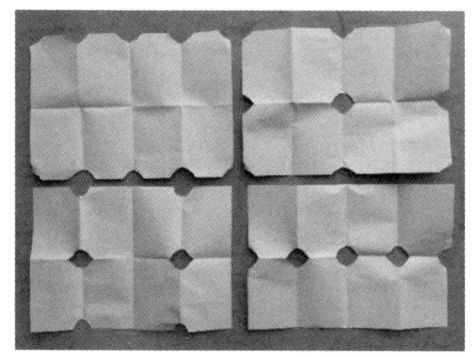

图 2-3　上下对折三次的结果

之所以结果不同，是因为在实验的过程中，会出现如下分歧：第一，起初纸张是横着拿，还是竖着拿？第二，大家对"对折三次"的理解不同，是上下对折，还是左右对折？或者，什么时候上下对折，又什么时候左右对折？第三，旋转90度的指令比较模糊，是顺时针转，还是逆时针转？

〔实验二〕每人发一张A4纸，同样要求把这张纸先后对折三次（不能三次都按照同一方向对折），再撕掉相邻的两个角。但明确要求展开后的纸张不能有洞，必须与第一个图的左上图一致。

第二次实验结果不错，有 6 人达标，其余 2 人仍有"漏洞"。

〔实验三〕每人发一张 A4 纸。请大家跟着我的指令做：第一步，竖着拿纸张；第二步，自下而上第一次对折；第三步，自右而左第二次对折；第四步，自下而上第三次对折；第五步，把折好的纸顺时针旋转 90 度；第六步，撕掉右上角、左上角；第七步，把纸展开。

第三次实验结果 100% 达标。

对实验的反思

做完三次实验后，我问：请分别用简短的一句话（或短语）概括这三次实验所蕴含的道理。回答得最好的是专职组织员张雅静：实验一阐述的是"创造力"，实验二阐述的是"思考力"，实验三阐述的是"学习力"。

和我想的全都不一样，关于实验一的理解还和我完全相反，但她的解释颇有道理，而且还自成体系。我的本意是：实验一诠释了"盲目行动力"，实验二诠释了"目标行动力"，实验三诠释了"程序行动力"（执行力）。

我进一步解释，通过上述实验，我们直观地看到了"行动力"和"思考力"的关系。对于思考力强的团队，我更愿意采用"目标行动力"，只给目标和大致的工作方向，至于具体沿着什么路径去实现目标，让行动者自己思考。但对于思考力不太强的团队，或者不怎么需要思考力的工作，我们应该采取"程序行动力"。例如本月 26 日起学校要求"晚上统一熄灯"

行动，就应该编制一套合理、规范的程序，大家统一按程序进行，并取得一致的结果。

"目标行动力"更重要

把"目标行动力"和"程序行动力"相比，显然，"目标行动力"更重要。试想，在我们的实验中，如果按照"程序行动力"做事，这次让你撕掉两个角后不能有洞，我得教你一套程序；下次让你撕掉两个角后出现一个洞，又得换一套程序教你；再下次让你撕掉两个角后出现两个洞，还得改程序……但"目标行动力"就不需要如此麻烦，一旦你悟出了其中道理，则一通百通。

先看关于实验二的数学解释：

实际上，这个游戏不必在乎怎么拿纸、怎么折、怎么转，其"核心行动力"在于：必须想清楚，应该撕掉哪两个角才不会有洞？

如图2-4，三次对折中，两次是上下对折，一次是左右对折，展开后会发现横向折痕有三条，竖向折痕只有一条，即图中虚线。

对折三次后，折好的纸无需旋转，只需考虑撕掉的两个角的"顶点"有几条折痕经过（不把纸展开也能看见）：如有两条经过，撕掉这个角就会有洞；没有或只有一条经过，撕掉这个角就不会有洞。

把上面的道理搞清楚了，就不需要按部就班机械地行动。而且你想要撕成几个洞（不超过三个），都可以轻松做到。

绽放的火花

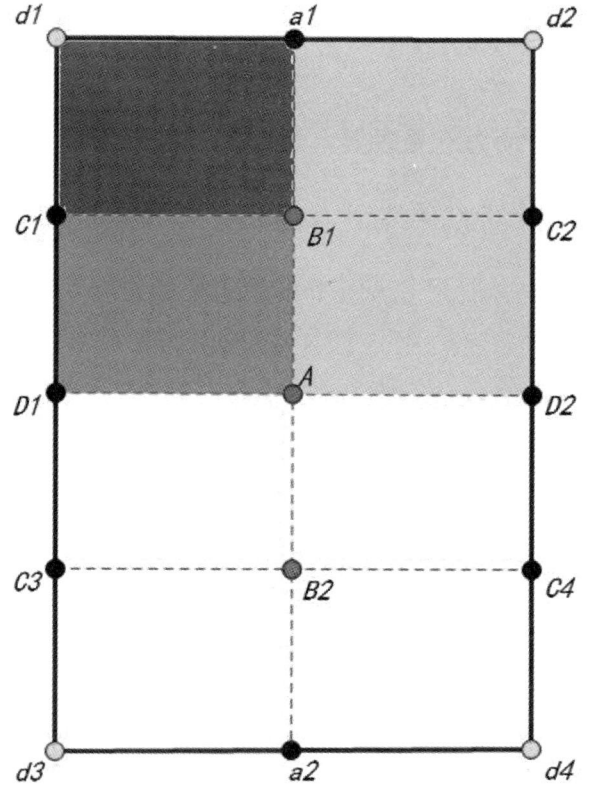

图 2-4 实验二的数学解释

在图 2-4 中，三次对折后得到小长方形 AB1C1D1。撕掉 C1、D1 两个角，则不会有洞；撕掉 A、D1 两个角，则出现一个洞；撕掉 B1、C1 两个角（注意 B2 和 B1 重合），则出现两个洞；撕掉 A、B1 两个角，则出现三个洞。

而且，即便把这个游戏复杂化——给你一张 A3 纸，让你对折四次（横、竖各折两次），再撕掉相邻的两个角，我们也能应对。我们会发现，不管怎么撕掉相邻的两个角，都会有洞，而且最少出现 3 个洞，最多出现 6 个洞，如图 2-5；如果把四个角都撕掉，那么展开后的这张纸就会出现 9 个洞。

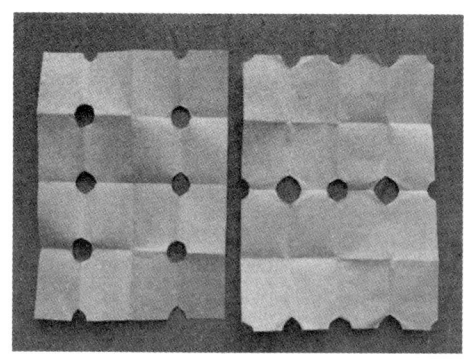

图 2-5　对折四次的情况

2.16　把"想动"换"行动"

卢双全　2019-5-21

学院党总支布置全院各班级以主题班会的形式，开展关于"行动力"的大讨论，我带的 2018 级移动互联 3-1 班被安排首场观摩。

班会主要议程是：如何理解"行动力"？日常生活的哪些事可以体现"行动力"？如何提升"行动力"？这次班会我们做了精心的设计，主要体现在以下几个方面：

第一，主题有意思。我们拟定的主题是"行动派——把'想动'换'行动'"。由"想动"到"行动"，一看就让人"激动"。

第二，形式生动活泼。一小时的班会，几乎融入了所有喜闻乐见的表现形式：讲故事、问答、演讲、诗朗诵，分组讨论并分享讨论结果、专题发言、现场绘画，等等。就差吹拉弹唱了。

第三，内涵丰富。体现在PPT、发言和现场绘画作品中。

第四，现场感强。如果把这场班会看作一场演出，那么这是一场没有经过预演或彩排的直播。

第五，高潮迭起。尤其是现场绘画（图2-6），每个小组集体创作，用一幅画表达本组观点，并要求各组派代表上台解读，特别有创意。

图2-6 用漫画诠释"行动力"

班长发言时说："行动对于人生，就像挥毫作画，需要细细勾勒、描摹，才能画出精彩的人生。"

黄国辉书记总结点评时说："这是我见过的最好的班会，非常精彩，如果不是亲眼所见，我简直不相信在这里开会的是我们的学生……行动力是做出来的，还得拿出实际行动来，希望你们成为行动力超强的标杆班级。"

2.17 高职学生如何提升行动力

王永伟 2020-2-9

"问渠那得清如许，为有源头活水来。"可以说，如何提升人才培养质量就是软件学院"课程思政""活动思政"改革的源头活水。其核心指向，仍是"培养什么人、怎样培养人、为谁培养人"这一根本问题。

时下发生在部分青年学生身上的"拖、懒、宅""巨婴""佛系青年"标签，以及存在的"游戏人生""比坏心态""审丑情趣"和"反智倾向"等不良心态，导致学生理想信念淡化，在学习、生活及未来发展上缺乏自信、行为习惯不佳、行动力弱。为此，软件学院党总支紧紧围绕立德树人这一根本任务，以"春风化雨、行胜于言"的工作理念，要求在我院全体学生中开展以"行动力"为主题的班会活动，号召学生围绕"行动力"展开大讨论。

高职学生需要哪些方面的行动力？如何提升行动力？我认为，学生要提升行动力，需要做到"三快"：

一是"脑快"，包含三层含义：其一，思想要跟得上，思想觉悟要"快"，领导或老师交代的事情，无论是否想得通，都要先去执行；其二，学习要"快"，大学的学习方法与高中有着很大的差异，要改变以前被动式的学习方法，要培养快速学习的能力；其三，要有好的想法，尽快制定出实施的方案与措施，确保高质量地完成工作。

二是"嘴快"，要求尽快把任务传达布置下去，不仅能说，还要会说，把事情介绍清楚，把道理讲透，让接受任务的人心悦诚服。

三是"手快"，前面做到了脑快、嘴快后，就要动手去做，要养成"行胜于言"的理念习惯，要干净利落、不折不扣、高效地完成。

2.18 应对危机事件"五行"之法

王永伟 2020-2-8

进入自媒体时代，学生管理方面的问题更加复杂多变，更需要辅导员提升综合素质，尤其是提升应对校园里频发的舆情事件和偶发的危机事件的能力。为此，辅导员要勇于创新，大胆尝试，在实践中不断总结新方法、新做法。下面是我概括提炼的应对危机事件的"金木水火土"五行之法。

"金"："金"的速度。在遇到危机时要遵循两个"第一"原则，即第一时间赶到第一现场。

"木"："木"的制度。要做好事情，制度应先行。在学生管理中，需要制定一整套全覆盖的规章制度，如我校制定的《学生常规管理制度》《学生危机管理制度》《学校心理危机干预制度》等。在处理危机事件时，要严格按照危机事件的规范管理制度去处理。

"水"："水"的态度。在处理危机事件中要诚实，假话不说；同时也要注意纪律，注意场合，真话不全说。在危机事件中辅导员如何说话？不要不讲话，不要胡乱讲话，不要人人讲话,不要讲不负责任的话,不要讲没有经过核实的话,不要讲仅仅是传言的话;不知道的不说,不清楚的慎说,没有确定拒绝说,必须说的好好说。

"火":"火"的角度。处理危机事件时既要精准施策,更要严格管理。

"土":"土"的气度。处理危机事件还要有有容乃大的气魄,处理问题时要有一定的"弹性"。

总之,学生管理工作者要善于结合自己工作实际,践行"以学生为中心"理念,深入挖掘学生工作的特色资源,打造学生工作品牌,让品牌塑造成为辅导员工作的内生动力,为自己提供源源不断的正能量。

2.19 解读"辅""导""员"

王永伟　2020-2-10

做一名合格的辅导员,做好各项学生工作,获得学生认可,是一件很不容易的事情。不过,辅导员工作的方法技巧,就蕴含在"辅""导""员"这3个字里,下面我就用这仨字来诠释自己对辅导员工作的角色感悟。

"辅"的本义是车旁横木,引申义为帮助、辅助。在引导学生成长成才的过程中,辅导员要明确自己的角色定位,尽己所能帮助学生树立自立、自强的意识,让学生尽快完成从学生向社会人的转变,而在转变过程中,辅导员只是起到一个辅助的作用。

"导"有两层意思。一是人生向"导",指引方向。处于这个阶段的大学生有很多方向选择,作为辅导员需要对处于迷茫、无助状态的学生给予点拨,做好指引,好的引导足以改变学生的人生。二是人生"导"师,伴其成长。在不同的人生阶段,如果能遇上好导师,那么学生的人生将会与众不同。辅导员可以督促、引导学生规划一个完美的学习或职业生涯,让学生能在相应的人生阶段少走弯路,加速自己的成长。

"员"强调的是担当某种特定的使命以及服务意识。对我们来说,就是不忘教育初心,当好服务"员"。在新时代下要做新型教师,辅导员要不断变革教育管理理念,完成从"以教师为中心"向"以学生为中心"的转变,同时实现从"管理育人"向"服务育人"的转变,做好为学生服务的服务员。

2.20 辅导员素质银行

黄国辉　2014-3-1

今天突发奇想,试图借助"银行储蓄"模式,建立辅导员工作数字化积分系统,从而改变以往"算总账"的做法,实现即时过程管理——每个单项工作或任何复杂工作的某个单元结束后,都能立即量化为积分。

以前推行大学生素质银行仅设计方案就花了两年,篇幅长达5000字,后来压缩到2000字;而这个辅导员素质银行只花了2—3小时,篇幅不到500字:

（1）学生上课出勤率：学院抽查，按所带班级平均出勤率10倍记分；无考勤班级辅导员按学院总出勤率10倍记分。学校或学院抽查，如有出勤率低于80%的班级，每个扣5分。

（2）出勤100%班级：学院抽查，按获得数与所带班级数比率10倍记分；学校抽查，按获得数每个记5分。

（3）公寓三比：按〔40-月违规率×100〕计分。

（4）文明宿舍：按获得间数与所管间数比率100倍记分。

（5）日记：每周第一篇记4分，第二篇记2分，第三篇记1分。

（6）论文：按规定时间提交记20分，每迟交1天扣2分；收入论文集加30分，一般刊物发表加50分，核心期刊发表加100分。

（7）参赛：经选拔代表院、校参赛分别记20分、40分，未经选拔推荐参赛者减半；获省三、二、一等奖分别加40分、80分、160分。

（8）坐班：提前10分钟到加2分，按时到加1分，迟到不超过10分钟扣1分，迟到10—19分钟扣2分，以此类推。（请假例外）

（9）工作失误：报送材料，迟报每次扣20分，出错每次扣30分，未报每次扣50分；公寓值班缺勤、走访公寓，每少一次扣50分；主题班会，少一班次扣10分；各种会议、活动，未经请假缺勤每次扣20分。

（10）其他项目：根据实际工作中出现的新情况新问题，酌情加分或扣分。

社 团

2.21 社团联盟与"一社三雄"

黄国辉　2019-12-9

今天召开了一个学生社团建设专题会议。开这个会的目的有三个：一是了解各社团运行的基本情况；二是成立"软件学院学生社团联盟"，同时新建"朗诵协会"社团；三是通报学院关于学生社团的顶层设计。

在听取各社团代表（社长）情况简介后，我先谈论了高校学生社团在人才培养方面的重要作用，阐述了社团与活动的辩证关系：没有把社团作为落脚点的活动只能是昙花一现，而没有活动或活动频率很低的社团则徒有虚名。为此，我提出了关于社团建设质量的两大标准：一看活动频率以及社团活跃分子的比率，这是社团赖以生存的"生命线"；二看业绩，即盘点有多少社团成员、在哪些方面得到了发展和提升。这两个标准都要用数据说话，用事实说话。

关于学生社团的顶层设计，我阐述了学院关于社团建设的统一要求：（1）一社双导（每个社团设政治指导、业务指导"双指导老师"）；（2）一社一品（每个社团至少要打造一个"活动思政"品牌活动）；（3）一社三雄。

为了让学生明白"一社三雄"的意义，我给他们讲故事：

历史上或文学作品中有一些著名的团队,其结构就是"一社三雄"。你看《西游记》,唐僧是社长,他的三个徒弟就是"三雄",缺一不可。再看《三国演义》,刘关张通过桃园三结义结成一个团队,刘备是社长,但刘备很快发现三个人不够,还得有个军师,于是"三顾茅庐"请来了诸葛亮,才有了"一社三雄"。为什么非得"一社三雄"?古人云,一个好汉三个帮。"一社三雄"就是这个意思。

"一社三雄"就是社长下面,配备三位得力助手,其中一位必须具备较高的政治素质,作为社团的宣传部长,专门负责"活动思政";另外两位,分别是技术部长、行动部长。

2.22 图书馆育人

黄国辉　2019-12-11

2017 年 12 月 6 日,教育部印发了《思想政治工作质量提升工程实施方案》,提出要充分发挥课堂、科研、实践、文化、网络、心理、管理、服务、资助、组织等方面工作的育人功能,切实构建十大育人体系。

"十大育人"体系中,竟然没有"图书馆育人"的提法,感觉有些遗憾。众所周知,古今中外许多人的成功,不是得益于第一课堂,甚至也不是得益于传统意义上的第二课堂,而是得益于图书馆。从某种意义上讲,图书馆本身就是一所学校,是人才培养的摇篮,尤其培养人们自主学习的能力。

我认为"图书馆育人"应该成为一种教育理念。我在这方面的思考有一个由浅入深的过程，先是三年前开展"爱上图书馆"活动，但我发现活动搞得再好也只是"一阵风"。于是，又在 2018 年组建了"相约图书馆"学生社团，这个社团活动频率很高，帮助了许多学生。

不过，我感觉仅有社团仍然不够，受众面还应该更大一些。那该怎么办呢？我打算在时机成熟的时候开展"填满图书馆"活动，要让更多的学生养成去图书馆看书学习的习惯。

附：马克思在图书馆学习的故事

伦敦大英博物馆图书阅览室里，至今保留着一个当年马克思每天去看书的"专座"，在专座的地毯上，留有明显的两行脚印。

原来，马克思在伦敦居住时，每天像上班一样，从早上 9 点直到晚上 7 点，准时到图书馆阅览室去看书，研究大量文献和珍贵资料。由于他每次去看书总是坐在固定的座位上，时间久了，图书馆的工作人员就把这个座位作为马克思的专座。如果哪一天这个位子空着，说明准是马克思病了或是发生什么意外的事了。日子久了，在他看书的座位下面的地毯上，摩擦出两条长长的足印，从而成为马克思当年在此刻苦研究学问的历史见证。

2.23 早起训练营

黄国辉　2018-3-14

今天开了四个会，上午一个，下午三个。最后一个会是软件学院团学换届大会，我给同学们讲到"体商工程"，重点谈了如何通过"早起训练营"改变爱睡懒觉的不良习惯。我在现场做了调查，得知在场的 257 名团学代表中，大约有 38% 的同学能够早起——早上 7：30 之前起床。

什么是"体商"？光谈概念没意思，如果三年下来，胖子还是那样胖，爱睡懒觉还是照睡懒觉，不吃早餐的还是一如既往地饿着肚子上课，爱熬夜的还在继续熬夜，爱打机玩游戏还是照玩不误，这体商能好吗？所以，"体商工程"要解决两个基本问题：一是胖子减肥，二是懒人早起。

一日之计在于晨，早起的鸟儿有虫吃，说的都是早起的重要性。怎样改变爱睡懒觉的毛病呢？我有一个点子——建立"早起训练营"，21 天养成早起习惯。具体做法如下：每 25 人建立一个"早起训练营"微信群（超过 25 人另建一营），其中 5 人已经有早起习惯，另 20 人希望养成早起习惯。

每天早上 7：30，由最先早起的 5—10 人在群里发红包（每人发 1 元，设 25 个红包），群里的每个人必须在 7：40 之前抢完所有红包，否则他必须在起床之后给大家发一个"大红包"（5—10 元），以示惩罚。我们没办法去每间宿舍叫这些爱睡懒觉的同学起床，但我们可以通过抢红包这种方式把他们从睡梦中"叫醒"。试想，抢完 10 个红包还没醒过来，继续睡回笼觉的人还会有吗？如果有，把他踢出"早起训练营"微信群。①

我们可以建立10个甚至几十个"早起训练营"，一营、二营、三营……二十营（500人），那是多么壮观的一个学生社团！这件事太有意义了，这就叫"哪怕早起一阵子，也能受益一辈子"！

2.24 从"三问"谈起

黄国辉　2018-3-14

今天上午开会，让我们谈党建工作思路，要求每人不超过五分钟，我可能只讲了三分钟。我主要讲了三点：

第一，要经常"三问"。一问党委部署计划领会了没有，没领会好就去落实容易出问题，或者犯方向性错误，或者工作不到位；二问党委部署计划落实了没有，每隔一段时间就反思一下落实了多少，还差多少没落实；三问高素质人才培养做实了没有，高校党建工作不能务虚，最终的落脚点就在于人才培养，在于有没有把学生教育、培养好。

第二，我以党委书记项目"体商工程"为例，提出这个工程不能雷声大雨点小，必须做实，可以尝试建立"体商社

---

① 这个社团很快就建起来了，实施时并没有用发微信红包的方式，而是采取在微信群中打卡、一起去食堂吃早饭、一起早读、晨跑等方式。社团人数由50人逐步发展到数百人。

团"的方式，我们打算新建三个这方面的学生社团：早起训练营，快乐减肥团，好习惯俱乐部。①

第三，我提出做好党建工作的三大举措：突出政治素质（党员素质银行）；实施任务清单（留痕迹）；强化数据管理。

关于社团建设，我还打算建立相应的激励机制：

督促学生养成早起习惯，给连续21天早起的同学颁发体商素养三等奖荣誉证书，给连续三个月早起的同学颁发体商素养二等奖荣誉证书，给连续一年早起的同学颁发体商素养一等奖荣誉证书。

指导学生科学减肥，给三个月减重4%以上的同学颁发体商素养三等奖荣誉证书，给半年减重7%的同学颁发体商素养二等奖荣誉证书，给一年减重10%的同学颁发体商素养一等奖荣誉证书，给一年减重13%的同学颁发体商素养特等奖荣誉证书。

2.25 把"活动思政"引入学生社团

陆模兴　2019-12-9

把"活动思政"引入学生社团发展之中，旨在破解学生

---

① 实施时，我们先后成立了早起训练营、快乐减肥团、相约图书馆、早睡先遣营，并把这四个新社团与原有的酷跑团整合成一个超级社团（也叫航空母舰式社团），取名"好习惯俱乐部"。这个社团吸引了近500名学生的参与，让他们获得了脱胎换骨的改变。

社团现实发展中存在的困境，实现"立德树人"的根本任务。"活动思政"在活动开展之初就把思想政治教育的理念融入活动中，使得社团成员在活动中自觉或不自觉地将思想政治教育理念内化于心、外化于形。我们有如下三个方面的收获：

第一，产生"鲶鱼效应"，增强社团活力。鲶鱼效应是指鲶鱼在搅动小鱼生存环境的同时，也激活了小鱼的求生能力，这是一种由外而内的激励机制。在学生社团中引入"活动思政"，就是在学生社团这群"小鱼"中投放一条"鲶鱼"，整个社团的活力、生命力都将得到激发。

"活动思政"的引入，使社团活动既有意思，更有意义。社团活动与思想政治教育的契合也使得学生社团能与社团管理部门更加通畅地沟通，使得学生社团获得更强的外部驱动力，获得更多外部支持，从而增强了社团的活力。

第二，产生"蝴蝶效应"，激发学生潜能。蝴蝶效应证实了事物的发展具有复杂性，一个微小的变化能影响事物的发展。在学生社团中引入"活动思政"，可以使得学生社团活动由微小的量变产生巨大的质变，从而激发学生群体的潜能，让思想政治教育活动更深入人心。

"活动思政"的引入，并不会影响或冲淡学生社团活动原有的专业性、科学性，反而能够起到催化作用、画龙点睛作用。

第三，产生"从众效应"，促进政治稳定。从众效应指成员的行为，具有跟从群体的倾向，是个体在行为上努力与群体趋向一致的现象。"活动思政"的引入，在学生社团中亦能引发从众效应，从而促进政治稳定。

学校在社团管理的实践中，为学生社团配备校领导、中层干部作为指导老师，对社团的发展既有对口的专业指导，更有强有力的政治引领，降低了因学生自身不成熟所导致的学生社团行为失当的风险，使社团行为更符合规范。

2.26　理工科学院中的"朗诵协会"

宋晓清　2019-12-14

2019年12月，软件学院在学院社团联盟大会上宣布成立朗诵协会，这是学院建设社团以来为数不多的人文社团之一。软件学院朗诵协会以"文声并举，德艺双馨"为服务宗旨，旨在全方位提升学生综合素养，进一步加强理工科学生的人文素质，提高学生语言表达能力、舞台表现力和社会交往能力，为学生搭建各类成长平台。朗诵协会成立时间不长，但已经开展了一系列活动，并形成了一定的规模。协会接下来拟从以下几个方面加以推进：开展粤语系列特色方言朗诵活动；融入思政元素的特色朗诵系列作品汇演；引进校外朗诵专家学者开展培训讲座；带领学生参加各类校内外朗诵技能竞赛。

可是，也有一些同学疑虑：理工科学院成立朗诵社团有必要吗？朗诵社团对学生有什么帮助和作用？

众所周知，高校学生社团建设，是让学生在活动过程中接受思想政治教育，践行社会主义核心价值观，实现"文化自信"。而在以理工科专业特色为长的学院建立人文社团——朗诵协会，一方面可以强化理工科学生的人文知识和素养，强化人格教育和情感教育，实现多学科、跨学科知识的补充学习，全面提升和拓展学生的知识面和视野格局；另一方面可以让学生们在人文社团活动过程中感受春风化雨、润物无声的思想政治教育，享受学习带来的乐趣和美感。

朗诵协会对学生健康成长、可持续发展具有重大的促进作用。第一，朗诵协会有利于促进理工科学生人文素养底蕴的积累和沉淀，实现全方面提高学生综合素质。第二，朗诵协会开展的系列活动融入思政元素，让学生们在活动过程中不仅学会具体的专业知识和技能，更让他们发自内心懂得活动背后的深层次内涵和价值，激发学生内心深层次的爱国主义情怀。第三，朗诵协会的成员承担了"软件学院展厅"的讲解任务，为前来参观我院"标杆院系"建设成果的全国各地兄弟院校嘉宾提供讲解服务，在贡献中提升自豪感、荣誉感。

2.27　与手机分手 21 天

王艳伟　2020-2-8

在这篇日记里，我想谈谈我们的相约图书馆社团经常开展的"与手机分手 21 天"活动。就从"拯救破碎的生活"谈起——

财新传媒、《财新周刊》总编辑王烁，在一篇文章中提到，根据记录，自己一周内平均每天拿起手机 79 次，除去睡觉时间，相当于平均每小时拿起 5 次，每 12 分钟拿起一次。王烁直呼"无论如何有点太多了。它打断我的专注，将已经很有限的时间切割成碎片。"

然而,通过调查,他发现自己还属于自律的那部分人,几乎所有的同事拿起手机的次数都比他多。他查到的最高纪录是一天拿起手机212次,除去睡眠时间,平均约每4分钟拿起一次手机。"生活是碎的不能再碎了。提升心理能量,提升生活质量,第一步就是要减少拿起手机的次数。"[1]

我们该怎么办?这个问题我想了很久。

科技飞速发展的"互联网+"时代,智能手机的出现无疑给人们带来了巨大的便利,同时也催生出无处不在的"低头族",催生出"手机依赖症",导致碎片化的生活。大学校园亦无法幸免。大学生的课余时间如何分配?直播、看剧、购物、聊天、打游戏、看小说、刷微博……手机几乎成为他们的一个器官。

为了鼓励同学们重新拿起书本,培养良好的阅读习惯,"相约图书馆"社团应运而生。社团倡导"放下手机,走进图书馆",呼吁生活在互联网+时代的大学生摆脱"网络成瘾"的束缚,走进图书馆,拿起书本,阅读经典书籍,每天给自己一段静心学习、认真思考的时间,提高人文素质,积淀人文底蕴,促进科学精神与人文精神相结合。

就这样,我们决定开展"与手机分手21天"活动。这个品牌活动倡导"21天养成一个好习惯"理念,引导活动参与者摆脱手机依赖,提高自制力,养成良好学习习惯,把大学生

---

[1] 王烁:《为什么说"时间不是省出来的"?》,https://mp.weixin.qq.com/s/uGwHqz3g9YVX4a4g67Mvcw。

活的美好时光投入到有意义的事情中去。

活动采取签到打卡的方式,参与者每天到图书馆签到,将手机封存后自主学习,离开图书馆时签退,领取手机。在与手机分手的21天里,同学们从最初的不适应、焦虑状态,到后来慢慢适应了没有手机的生活,摆脱手机的"绑架",静下心来学习、思考。参加活动的同学各有收获和感悟。

第一期打卡时间最长的谢雍帮同学说:"在宿舍也想认真地学习,但总会因为别人的游戏太好玩,眼光和心思都忍不住被吸引,一下午的时间又一晃而过。'与手机分手的21天',让我的心思真正回到学习上。而且在这里,我感受到努力的不只我一个,而是一群人。"

"与手机分手21天"活动现已滚动进行七期,每一期均为21天,参与者共计305名,累计"与手机分手"912695分钟。活动中每位参与者每天的人均阅读时间均达到2小时以上,学习时长最长的达到平均每天在图书馆学习5小时,可见这个活动促进了良好阅读习惯的养成。

表2-1 与手机分手21天活动签到时长统计表 (单位:分钟)

	第一期	第二期	第三期	第四期	第五期	第六期	第七期	总计
参与人数	42	37	41	42	44	47	52	305
成员签到总时长	121945	106432	120583	124864	133351	144221	161299	912695

(续表)

	第一期	第二期	第三期	第四期	第五期	第六期	第七期	总计
人均每日签到时长	138.26	136.98	140.05	141.57	144.32	146.12	147.71	142.14

无阅读，不青春。"与手机分手21天"活动不只是简单地在图书馆学习，为了激发同学们的阅读热情，引导他们更好地进行自主学习，每一期活动都会有一些不同的特色项目，如进行优质读书笔记评选、举办读书分享会、为同学荐书等，将阅读变得有趣，从而达到"趣味阅读"的效果。

相约图书馆社团希望通过"与手机分手21天"活动，配合"趣味阅读"特色活动，使"放下手机，走进图书馆"成为一种时尚、一种潮流，进而产生"蝴蝶效应"，让更多的青年学子"爱上"图书馆，让更多的学生改变生活方式，走下网络，走出宿舍，走向运动场，走进图书馆。

2.28 让早睡成为习惯

黄国辉　2019-5-16

今天做了一个问卷调查，调查内容主要是：究竟有多少人支持"晚间限制用电"？我们的学生习惯于什么时间睡眠？调查对象是大二8个班和大一4个班,共525人。考虑到每次问卷都有一定比例的学生乱填一气,影响调查结果的信度,这次特地设计了一些有逻辑关联的问题(这样的"门槛"先后出现两次),把那些答案前后矛盾的问卷剔除。

我们发出问卷525份,有效问卷共402份。在有效问卷中,只有16.7%的人支持"限制用电"。为什么支持率这么低,看另一组数据就清楚了:

我们问"你平时晚上什么时间开始睡觉?"

最集中的是00:00-01:59,占48.3%;

其次是23:00-23:59,占21.6%;

再次是01:00-01:59,占15.9%。

从图2-7中可以看出,我们的学生睡眠时间所对应的人数呈正态分布,只是众数对应的时间比学校规定的时间晚了1小时。

另一个相关的问题是:如果学校限制用电,熄灯后你会做什么?

我们得到的数据是:A. 什么也不做、睡觉,占23.8%;B. 打开笔记本电脑、继续玩,占11.9%;C. 玩手机,占28.6%;D. 出去玩,占35.7%。

问题很严重,必须赶紧解决。怎么解决?还是借鉴"早起训练营"的经验,成立一个社团——就叫"早睡先遣营"吧。

深信息学生睡眠时间抽样调查统计表

就寝时间分段	不到23:00	23:00-23:59	00:00-00:59	01:00-01:59	02:00以后	有效问卷
合计百分比（%）	8.5	21.6	48.3	15.9	5.7	
合计	34	87	194	64	23	402
大一学生	6	39	69	12	3	129
大二学生	28	48	125	52	20	273

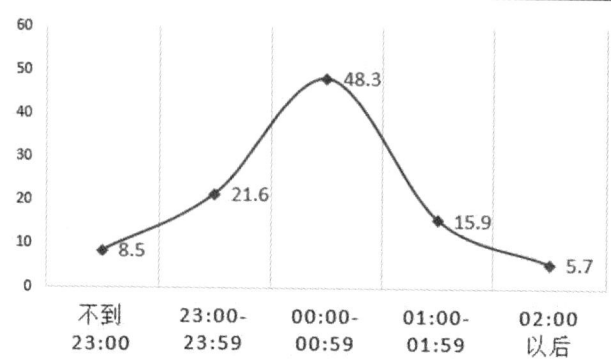

图 2-7　睡眠时间对应人数呈正态分布

2.29　快乐数学减肥

黄国辉　2017-6-9

第一次减肥讲座是面向老师，范围比较小，只有 20 余人，但涉及公共课教学部、思政部、学生处、人事处、财务处、机电学院和本学院等多个部门。时间是 2017 年 6 月 7 日，地点在一个小会议室，我讲了 90 分钟。当时有位思政部的老师，本来想听60分钟就走（她的车是外地牌，晚了会被限行），但她后来全程听完讲座，为此她在办公室等了两小时，限行时间过了才回家。

我给他们讲的是自己独树一帜的"快乐数学减肥法"。讲座的重点是告诉他们：怎么减才能不反弹？关键在于要有"目标函数"，做到有序减肥，既不要减得不痛不痒，又不要减得太猛。还要有量化数据，既不能拍脑袋决定"减多少"，用多长时间，而应根据体重指数BMI计算；又不能简单地理解"少吃多动"，而应科学地计算该吃多少、该动多少。

核心内容是"怎么减"，要点如下：

（一）减多少——分四步

第一步，算一算减多少？先算BMI值：BMI值=体重（kg）/身高（m）的平方；再算应减体重：应减体重（$\triangle W$）=（当前BMI值-目标BMI值）×身高（m）的平方，其中$22 \leqslant$目标BMI值$\leqslant 24$，具体取这个区间的哪一个值，由本人决定。

第二步，确定用多长时间？用W_0表示当前体重，若$10\% \leqslant \triangle W/W_0 \leqslant 15\%$，建议采用一年时间（$t=52$）；其他情况可按"$t=400 \times \triangle W/W_0$"近似计算周数。

第三步，确定目标函数。先算目标值：目标值（W_1）=当前体重（W_0）-应减体重（$\triangle W$）；再确定目标函数：即经过点（0，W_0）并以（t，W_1）为顶点的二次函数，解析式为$g(x)=a(x-t)^2+W_1$，其中$a=\triangle W/t^2$。

第四步，按照每周目标逐步推进。为此，需要做一个

Excel 表格，列出每一周的目标函数值 g（1），g（2）…g（t），再记录各周平均体重并作出走势图（与目标函数图像对照）。

(二) 吃多少——分三步

第一步：计算你的基础代谢率。

女性基础代谢率 = 661 + 9.6×体重(kg) + 1.72×身高(cm) - 4.7×年龄；

男性基础代谢率 = 67 + 13.73×体重(kg) + 5×身高(cm) - 6.9×年龄。

第二步：确定你的饮食量。你的饮食量不要超过你的基础代谢率。假如你的基础代谢率是 1500 大卡，那么你一天的饮食量最好不要超过 1500g，即平均每顿饭不超过 500g。

第三步：规划你的三餐饮食量。首先当然是总量控制——全天饮食量不超过基础代谢率；其次是三餐饮食量可以多少不一，但差距不宜太大，"皇帝早餐、平民午餐、乞丐晚餐"的说法并不科学。我的数据是：上半年，早：午：晚 = 5：6：4；下半年，早：午：晚 = 4：5：6。

(三) 跑多少——分两步

第一步：求出消耗热量与重量的关系。

我得到的函数关系是：$W = 0.625Q^2 + 0.75Q$（Q 表示运动消耗热量大卡数，W 表示运动前后体重下降克数）。也可以近似地简化为 $W = Q$。

第二步：确定你的运动量。参考公式是：消耗热量（大卡）= 三餐平均饮食量（克）×80%。我的运动量：每天消耗热量 300—500 大卡。

我过去一年的统计数据是：上半年，日均 1.1 万步，7.8 公里，消耗 303 大卡热量；下半年，日均 1.1 万步，8.8 公里，消耗 438 大卡热量。

我还介绍了一个"绝招"：每天记七次体重。目的是便于准确地掌握每日三餐饮食量，以及上午、下午、晚上、睡眠四个时间段的体重消耗情况，以便及时去掉体内的"库存"（减肥就是去库存）。

按计划下次讲座是给学生讲，参加对象为"体测"BMI 指数≥28 的学生，这样的学生在我们学院共 84 人（占检测人数的 5.5%），刨去毕业生 36 人，在校生尚有 48 人。我打算把这些人组织起来，成立一个"体商达人训练营"，通过 1—2 年的努力，促使他们完成人生的一次蜕变。①

2.30　我能帮你瘦身

黄国辉　2018-4-13

第二次讲座安排在 4 月 11 日，地点在学思楼一个大教室。这次讲座主要针对软件学院的超重、肥胖学生，加上学生干部和部分老师，接近 180 人，把教室挤得水泄不通。整个讲座历时 2 小时，相当于连上 3 节课，但学生听得聚精会神，无人中

---

① 这个社团正式成立时，取名为"快乐减肥团"。

途离场，无人打瞌睡，无人低头玩手机——抬头率100%。

这次讲座的主要内容是——

引子：减肥很难吗？我的结论是：会者不难，难者不会。专家说减肥成功率只有1%。为什么这么低？我认为原因有二：一是减肥理念错了；二是减肥者只关注医学、心理学知识的运用，完全忽视数学的作用。各种减肥广告或媒体报道，都会渲染"减了多少公斤"。例如有篇颇具权威的报道说，美国学界有个数字可供参考，减肥一年内保持体重减轻30磅（1磅=0.45公斤）左右才称得上减肥成功。这样的表述是不科学的。我的看法是：衡量一个人减肥是否成功，不能以一年减多少磅或多少公斤为标准，而应该以减去的体重与减肥前体重之比（简称体重降比）为标准，这个标准比例是13%/年。

第一，减肥成功的要素。我的回答是：信念；动力；方法。其中最重要的是信念。为此，我先介绍了一个关于成功的万能公式"3D法则"[1]，并强调：要做成一件事，不但要有强烈的动机（渴望），还要脸皮厚一点——把你的决定说出来，大大方方地接受他人的监督（而不是悄悄地干活），这样做可以增强外部约束力，减轻内部约束（自控力）的难度。但比"3D"更重要的是"自我预期"，其实就是信念。即便是"从未做过的事"，也相信自己一定能成功；信念看不见，但你坚信它的存在。减肥的信念是：清楚地知道并坚信自己能减成什

---

[1] 〔美〕Russell T. Osguthorpe，〔美〕Lolly S. Osguthorpe：《选择学习——为成功而教》，张娜译，北京：中国轻工业出版社2009年版，第7—22页。

么样子，甚至知道要用多长时间就能做到。

第二，动力从哪里来？为了健康，为了美丽，都能产生减肥动力，但更大的动力来自利他——助人为乐。为什么减肥失败的人比减肥成功的人多得多呢？有人说，减肥失败是因为方法不当；也有人说，减肥失败是因为毅力不够。听起来，这些似乎都有道理。但我认为更重要的原因是缺乏"利他"精神。为了帮助身边的亲人和朋友摆脱肥胖的困扰，我必须自己先减肥成功——这样的人一定能成功。助人为乐不只是一种高贵的品德，还是一种精神力量。

为了让学生明白"利他的力量"，我出了一道数学题：如果每个减肥成功的人，都能用一年时间帮助另两个人成功减肥（一帮二），那么10年时间能有多少人成功？第1年2人，第2年4人，第3年8人……第10年2^{10}人，共计：$2+4+8+\cdots+2^{10}=2^{11}-2=2046$人。更惊人的是，如果每个减肥成功的人都去帮助五个人成功减肥，那么10轮下来就有1200万人成功减肥。这样的助人为乐，你不觉得义不容辞吗?!

第三，这样减才有效。这部分是核心内容，我的观点是：减肥和"最速降线问题"有关，减肥的关键在于确定减肥路径（目标函数），把控节奏。

怎么减才能感觉舒服？怎么减才能不反弹？先看一个理论，伽利略的"最速降线问题"及其答案：从一个给定点下滑到不在它垂直下方的另一个点，时间最短的路径不是直线段，而是摆线。进一步的研究表明，和摆线相比，抛物线与它很接近。所以，我确定的减肥路径是抛物线——二次函数图像。

怎么确定目标函数的解析式呢？我给出了计算公式，更详尽的表述参见上篇日记"快乐数学减肥"。和第一次讲座不同的是，这次我除了给出了饮食量、运动量的计算方法外，还给学生开了几个处方：

〔**处方1**〕正餐怎么吃？以500克饮食量为例，应该通过金字塔型的食物搭配，使得500克的食物刚好接近摄取500大卡的热量。

〔**处方2**〕如何合理安排三餐饮食时间和相应的饮食量？原则是三餐的间隔时间尽量做到均衡，平均间隔时间是4.5小时，其中晚餐时间的安排要考虑它与就寝时间的间隔。而每顿饭吃多吃少，主要看两顿饭的间隔时间长短：间隔短少吃，间隔长多吃。但不管怎么吃，全天的饮食量不要超过基础代谢率。

〔**处方3**〕运动量怎么控制？核心是确定日常的运动量，一般建议是：每天一万步，其中慢走2000步，快走4000步，慢跑4000步。

讲 稿

2.31 提升行动力 做"硬核"软件人[①]

蔡铁　2019-7-6

同学们，今天，我们在这里隆重举行软件学院 2019 届毕业典礼，共同庆祝和见证这一重要而特殊的时刻。在此，我谨代表软件学院向圆满完成学业、即将踏上人生新征程的同学们致以热烈的祝贺！

同学们，作为深信人，作为软件学子，你们获得了更好的学习环境和更多的机遇，三年的时光一定给你们留下许多美好的记忆：有些同学通过"早起训练营"养成了早起的习惯，有些同学按照"快乐数学减肥"原理把自己变瘦变好看了，有些同学积极参加"相约图书馆"活动养成了阅读的习惯……有些同学在老师的指导下做项目、搞竞赛，摘取了挑战杯、软件杯以及各种技能大赛的桂冠，这些习惯或经历将让你们受益终生。今后，你们的记忆深处可以没有在学校食堂排着长队等待的蛋肉肠粉，也可以没有湖边欢腾雀跃的锦鲤和天鹅，但一定要有这样一个印记——我是"硬核"软件人。

[①] 本文为作者 2019 年 7 月 6 日在软件学院 2019 届毕业典礼上的讲话。

同学们，刚才冯艳玲老师和你们聊学习、聊工作、聊生活，宿管葛米良老师和你们聊安全、聊感恩，他们的临别赠言，都是肺腑之言，希望大家能够把两位老师的话听进去，放在心上。重复的话我就不说了，我只和大家谈一个关键词——"行动力"。

我相信，在座的每一个同学都已经有了清晰的职业规划，都有属于自己的梦想，甚至还有人有了"赚一个亿"的小目标。这是你们走向成功的起点，因为梦想是人前进的动力。有了梦想，心中才有阳光，眼里才有远方，脚下才更有力量。

但是，仅有梦想和目标是不够的。没有行动，没有行动力，一切梦想都将成为幻想和泡影。要知道，一个人之所以变得平庸，不是因为他做了什么，而是因为他什么都没有做。

道路千万条，行动第一条。希望同学们记住这句话。关于行动，我认为最重要的就是"坚持"。行动并不难，难的是持续的行动。就像早起训练营的同学，一天早起太容易了，谁都做得到；坚持连续21天早起就有一点难，坚持三个月早起更难；但如果坚持下去了，便成为一种习惯，后面的坚持就不难了。这就是说，"当你认为最困难的时候，其实就是你最接近成功的时候。"所以，行动必须成为"没有断裂的链条"，必须成为无需意志力的"习惯"。正是出于这样的考虑，我们软件学院成立了航空母舰式社团"好习惯俱乐部"，用长年累月养成的"好习惯"，去提升同学们的"行动力"。

同学们，你们小时候一定经常听父母唠叨"隔壁家孩子"。为什么"隔壁家孩子"比你更优秀？道理很简单，因为他不仅有梦想，而且一直在坚持梦想，全力以赴去实现梦想。只要你在人生路上，遇到挫折时能够"咬紧牙关"，不畏艰险，负重前行，永不放弃，你也可以成为别人眼中"隔壁家孩子"。

亲爱的同学们，在我心目中，你们都是"宝藏男孩"、"宝藏女孩"，都是"硬核"软件人！祝你们生活幸福，前程似锦，梦想成真！

2.32　自信·感恩·梦想①

蔡铁　2018-7-12

家长们、老师们、同学们：

大家下午好！

今天，我们在这里隆重举行 2018 届毕业典礼，我谨代表软件学院向 2018 届全体毕业生表示热烈祝贺。

刚才进门时，我看到有的同学三五成群，谈笑风生；有的同学和老师聊天，表达感恩之情；还有一些同学在一旁"发呆"——他们或许是在思考未来一个亿的"小目标"……

亲爱的"攻城狮"们，你们是否还记得三年前踏入信息学院校门的那一天，曾经想过什么？是否还记得在第一次班会上，辅导员曾经说过什么？是否还记得专业老师在课堂上手把手教你"敲代码"，带你去参加软件杯、技能大赛，拿到奖项

---

① 本文为作者 2018 年 7 月 12 日在软件学院 2018 届毕业典礼上的讲话。

的那一刻，你又是怎样的心情？

岁月如梭，三年转眼就过去了，你们收获了什么呢？你们的梦想都实现了吗？作为你们的院长和老师，我想告诉你们的是：人生就是一场没有裁判的马拉松。漫漫人生路，并不是每次都能做到"大吉大利，今晚吃鸡"，更多的是困难和挫折，自我约束的耐久性远远比一时的速度更重要。因此，今天这个毕业典礼我有三句话要送给你们。

第一，要有自信。白日不到处，青春恰自来。苔花如米小，也学牡丹开。一个真正有自信的人，必定勇于战胜自我、勇于化渺小为伟大、化平庸为神奇。

2013级嵌入式技术与应用专业毕业生林中都，就是这样的一个人。他凭借着自信与个人魅力，把"深创赛互联网行业总决赛第一名""中国商业模式大赛深圳赛区第一名"等数十个荣誉收入囊中，他创办了深圳华谕电子商务有限责任公司，团队从原来的9人发展到近百人，获得深圳市各级政府扶持经费100余万，2016年还获得时任市委书记马兴瑞等领导接见。同学们，这就是你们奋斗的方向，是你们的"小目标"，我相信在不远的将来，你们将成为更多更优秀的"林中都"。

第二，要懂感恩。马云曾说"有追求的人在感恩，没追求的人在抱怨"。面前放着半杯水，你要看到杯子是半满，而不是半空。你们要知道满足，懂得感恩，感恩父母，感恩老师，感恩曾经和自己朝夕相处的同学。同学们，你们终将背起行囊，开启新的征程。希望你们认真保存好每张合影，因为合影上有你们灿烂的笑容；希望你们对曾经起过争执冲突的人说声"对不起"，不再追究谁对谁错，因为谁也不想把友情的缺憾带入今后的生活；希望你们对每位老师，对校内各岗位上的工作人员说声"谢谢"，因为他们的存在，你们才可以安心地学习、舒心地生活。

  第三，要有梦想。梦想是什么？梦想是人前进的动力。年轻人奋斗的路上可以经历挫折，可以遭遇坎坷，但一定不能没有梦想。有了梦想，心中才有阳光，眼里才有远方，脚下才更有力量。我们学院还有一位毕业生，他放弃了深圳大学的学习机会，义无反顾踏入信息学院的大门。从 13 岁试水创业到 20 岁坐拥 8 家公司，他用 8 年时间获得了成功。他收获的不只是物质财富，更有宝贵的经验和精神财富。同学们，任何梦想的实现，都不是随随便便、一蹴而就的，而是需要经过不断地努力奋斗、不断地战胜自我。如果山顶是梦想，爬山就是行动，而实现梦想的过程没有电梯，只能一步一步地攀登。

  同学们，明天起你们将离开深信的美丽校园、踏上人生新的征程，衷心地希望你们，带着自信、带着感恩、带着梦想，不惧风雨、一路高歌、勇往前行。也请你们永远保持乐观，就像我女儿最爱的那首歌里唱的："大王叫我来巡山，我把人间转一转，打起我的鼓，敲起我的锣，生活充满节奏感"。

  最后，祝 2018 届同学们生活幸福，前程似锦！

  愿你们出走半生，归来仍是少年。

2.33　石头·剪刀·布

黄国辉　2019-8-27

马上就要开学，这是一个新学年的开始，而且是"党建工作标杆院系"建设的最后冲刺之年，我们需要做什么、怎么做呢？

8月29日上班第一天的教职工大会，我的发言打算分两部分：第一部分讲想法，即工作理念；第二部分讲做法，即工作思路。

一、想法（工作理念）

我要讲的理念是"石头、剪刀、布"。

石头：石头的特征是坚硬、铺路、奠基，启示我们要把基础性工作做细做实。什么是基础性工作？把每一堂课上好，把每一个学生管好，立德树人、教书育人，就是基础性工作，是我们要练就的"硬功夫"。

剪刀：剪刀的特征是果断、锋利、巧干，启示我们对于工作中的重点难点要迎难而上，勇于创新，快刀斩乱麻。"双高"、"标杆"需要把基础打扎实，更需要"剪刀"式的创新，这是我们要打造的"软实力"。

布：布的特征是绵软、包容、韧性，启示我们这个团队里的每一个成员都要有忍耐力，有包容心，要严以律己、宽以待人、和谐共事。只有这样，才能心往一块想，劲往一处使，才能打造出和谐高效、业绩突出的团队。

无论是学校党委刘锦书记提出的"硬功夫打造软实力"，还是深圳市委常委、宣传部长李小甘提出的"软实力铸造硬功夫"，归根结底，成败在于团队建设。所以，在"石头、剪刀、布"这个工作理念中，我认为"布"是重中之重。如果把我们软件学院形容成一块"布"，那么这块"布"不能出现破损，更不能千孔百状。这块"布"必须是完整的，还必须足够大、足够美。我们每一个人都要爱惜这块"布"，可以在这块布上描绘最新最美的图画，但绝对不能把它剪破。

要织好软件学院这块"布"，首先要加强学院党政领导班子团队建设，即要按照党委的要求，党政班子的每一个成员都要同心、同向、同力，自我加压，形成一个团结奋进、开拓进取、坚强有力的集体，起到"火车头"作用。

当前有个和深圳相关的热词"先行示范区"。确切地说，关键词不是"先行示范区"，而是"中国特色社会主义先行示范区"。所以，我们在贯彻中央文件精神，谈论各种先行、示范的时候，不能忽略"中国特色社会主义"这个政治前提。深圳高等教育的先行、示范，首先应该在"党建工作"方面先行，当好示范、标杆，为全国高校提供典型经验，我们软件学院作为"全国党建工作标杆院系"责无旁贷。

二、做法（工作思路）

石头、剪刀、布分别对应数字0、2、5，下面我就用这三个数字来阐述新学年软件学院党建、思政工作的基本思路。

0——零事故。无论什么事故，都必须为零。

2——两手抓。一手抓党建、思政日常工作，把基础打牢；一手抓"标杆院系"建设，确保十个月后的验收顺利通过、万无一失。这两手抓，不是单纯地为党建而党建，为思政而思政，而是一方面要抓好党的自身建设，提升软实力，发挥党建的领航作用；另一方面用"软实力铸造硬功夫"，抓好党建促业务，全力支持国家级高职教育教学创新团队建设等各项中心工作，切实起到政治核心作用和保驾护航作用。

5——五到位。即党组织领导和运行机制到位；政治把关作用到位；思想政治工作到位；基层组织制度执行到位；推进改革发展到位。

相关工作：继续推行并完善党员素质肖像、职业素质银行两个微信小程序，同时推行新的辅导员素质银行；建设好每一个党支部，发挥教工党支部"双带头人"作用；继续探索、完善思政课程、课程思政、思政活动、活动思政"四位一体"思政教育体系，积累、总结相关经验；关注并解决"七种特殊群体学生"的问题；管好学生社团，发挥社团育人、实践育人作用；在教师、学生中开展"日行一善"活动，在学生中开展"暖话"教育。

新增工作：站在理论的高度系统总结"标杆院系"建设的理论、方法、经验，尽可能形成一本专著；系统总结"课程思政"、"活动思政"相关工作经验、成果，形成一批标杆课程、标杆活动。

前面讲了"石头、剪刀、布"工作理念，讲了"0、2、5"工作思路，下面再讲讲倒序的025，讲讲"520"（图2-8，图片来自网络)。

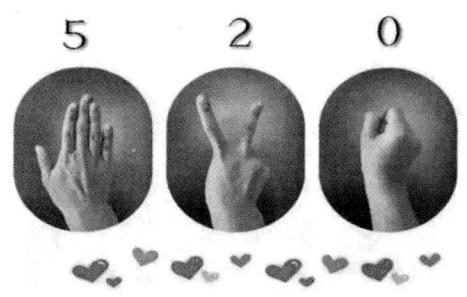

图2-8 "520"趣解

520谐音"我爱你",我的解读是:作为人民教师,从大处讲,我们要热爱国家、热爱中国共产党、热爱社会主义、热爱教育事业;从小处讲,我们要热爱学生、热爱自己当下所做的每一项工作。当然,我们还要善待家人,善待同事,善待朋友,善待身边的每一个人。

最近去遵义,看到遵义市有个"好人广场",他们在大力弘扬社会主义核心价值观,倡导"善的教育"。我们正在开展的"日行一善"活动和遵义的做法是一致的,这是一个从善言、善行到善心的过程。

在座的各位都是老师,学高为师,身正为范。要成为一名好老师、合格的老师,首先应该做一个好人。让我们从敬业爱岗做起,从"日行一善"做起,把这些简单的事情做好了,建功立业才有可能。

最后,引用党委领导的几句话——

党委书记刘锦:"软件学院要有大格局,要站在事业的高度做事情。"

党委副书记、纪委书记张武:"石头剪刀布,工作有思路;520爱教育、爱学生,工作有方法,把每件事做得有意义,把有意义的事做得有意思。"

2.34 "行动力"的四个象限

王艳伟　2019-5-26

关于"行动力"的大讨论,我所带的2018级软件技术3-4班的主题班会非常惊艳,不但有讨论、采访视频、现场签订"宿舍文明公约",还有画"思维导图"、写"行动卡"、小品等各种招数。班会最后,同学们请我做总结发言,我讲述了关于"行动力"的四个象限——

亲爱的同学们,今天的班会非常精彩,再次见证了班委的组织策划能力,也让我见识了同学们的"十八般武艺",大家很好地展示了自己对于行动力的理解和提升行动力的决心。下面我讲讲自己对于"行动力"的理解。

武侠小说里,经常有各大门派,神功盖世,肆意江湖。依我看,咱同学们中间也有四大门派,而且每位同学都属于其中一个门派!今天我就要借助数学的"象限"概念,揭秘这四大门派。我们以行动力为纵坐标,以思考力为横坐标,那么四大门派其实就隐藏于这四个象限里(图2-9)。

第一象限,有思考有行动,是可爱的"行动派"。这一派可谓真正的名门正派,当之无愧的武林盟主。有同学问,行动派,有行动力就好,为啥还要加上思考力?此言差矣!光有行

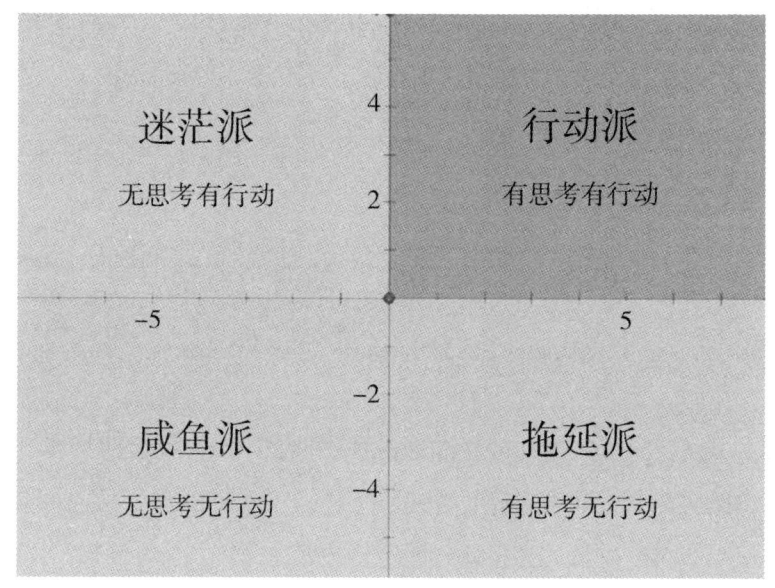

图 2-9 透过象限看行动

动没有思考，如果行动错了方向，背道而驰，差之毫厘，失之千里。行动派不仅敏于行，更勤于思，因此才能做到"都在江湖漂，就我不挨刀"。

第二象限，无思考有行动，是可怜的"迷茫派"。大脑未动，脚步先行，前路茫茫，没有方向，走出去再说。这就是迷茫派，或叫盲动派。这个门派的同学只要能够多多阅读、多多观察、勤于思考，必能一路向右，沿着横坐标，顺利渡劫，飞升上仙。

第三象限，无思考无行动，是颓废的"咸鱼派"。此门派的接头暗号已被识破："我来打酱油的""做个咸鱼就好"。这个门派唯有借助"乾坤大挪移"之法才能实现自我救赎。无论行动力，还是思考力，最主要还在于内因，只有改变自己的观念，找到自身的"小目标"并为之努力，才能寻到出路。

第四象限，有思考无行动，是懒惰的"拖延派"。这个门派跟第二象限一样，都是潜力股。想要跨越行动力的"阀门"，还需战胜一个叫做"拖延症"的大魔怪。战胜拖延的方法有很多，如设置时间节点，与同学互相监督，甚至组成自己的"战拖俱乐部"。

说到拖延症，就引申出我今天要讲的第二点"拖延症的心理阴影"。我们经常听到一句话，"心中有阳光，脚下有力量。今天我要反过来说："行动有力量，心中有阳光"。前段时间参加一个心理讲座，听到这么一个理论：拖延症容易造成心理阴影。举个"栗子"：

接到一项学习或者工作任务，A 立刻着手，效率惊人，任务刚下达就全部完成，高效率的行动带来满满的喜悦与自豪，美好的心情就像是 100% 沐浴在温和的阳光下，没有一丝阴影。

B 由于种种原因，拖两天再做，拖延的过程中，心里总有个事情压着，终于搞定了，美好的心情虽沐浴在阳光下，但拖延的阴影却遮掉了一部分阳光。

C 是拖延大王，眼看着时间过了 1/4、1/3、1/2、2/3、3/4、4/5，完成任务的压力和内心的焦虑愈来愈强，手忙脚乱地进行着最后时刻的努力挣扎，终于赶在 Deadline 之前完成任务。"死里逃生"般的体验虽带有一丝丝喜悦，却也难掩"Dead"一次带来的阴影。

习惯性的拖延会产生心理焦虑，造成心理阴影，非常不利于个人的身心健康，所以"拖延症"要不得，"行动力"缺不得。行动有力量，心中有阳光，行动力强大的人，必是常常沐浴阳光下，内心充实而自信的。

大学生正值青春好时光，对于自己的学习、生活应当有规划、有思考、有行动。希望同学们不论现在处于何门何派、哪个象限，最终都能够进一步提升自己，做行动派的大学生，奏响青春的主旋律。

2.35　第一行动力[①]

黄国辉　2019-5-24

最近我们在全院各班级开展"行动力"大讨论，目的是让同学们真正领会校党委刘锦书记提出的"行动力是最重要的核心竞争力"内涵。我也在深思：高职学生的第一行动力是什么？也许有人凭经验或凭直觉认为，创业能力是第一行动力，创新能力是第一行动力，或者认为学习能力是第一行动力。

我不想毫无根据地下结论。我们应该首先搞清楚，什么是第一行动力？第一行动力意味着什么？第一行动力是不是等同于最重要的行动力？

行动力可以有很多种，但第一行动力只有一个。不能由别的行动力派生，而且一旦缺失必然会损害其他行动力，这样的行动力就叫第一行动力。

我们来分析一下前面提到过的创业能力、创新能力、学习能力。创业能力固然重要，但并非不可缺失，否则人人都去创

---

① 本文为"行动力"大讨论主题班会讲话。

业，谁来就业呢？创新能力人人都需要，你不创新，用500个工人去生产某种产品；别人创新，用1个智能机器人就解决了问题，立马就超越了你。但是，创新能力不是天生就有的，它是怎么来的呢？显然，创新能力的培养建立在学习的基础上，没有学习能力，便没有创新能力。那么，是否可以确认，学习能力是第一行动力？

我认为不是。学习能力也不是与生俱来的，学习能力是在长期的学习中逐步形成、完善的，学习是一个长期积累的过程。那么，学习的前提是什么？我认为有三个基本要素：第一，正常的思维；第二，健康的身体；第三，我认为是最重要的前提，就是你在进入学习之前要养精蓄锐，保持充沛的精力。简言之，学习的前提是休息。该休息的时候安静地休息，该学习的时候"玩命"地学习。而不是颠倒黑白，该休息时玩命地"学习"（玩游戏），该学习时安静地"休息"（打瞌睡）。

所以说，学会休息也是一种行动力，而且是第一行动力。

可能有人会说："什么？我没听错吧，休息也是行动力？休息也要学习？我天生就会休息，还用学习吗？"

是的，正因为你天生就会休息，所以"休息"这个行动力才是第一行动力。为什么还要学呢？因为有不少同学已经丧失了"休息"这种与生俱来的行动力，需要重新"找"回来。你看，个别同学凌晨5：00才休息，8：00才起床，不吃早餐就去上课，上课就睡觉，这就是"丧失了的休息能力"。

所以，"按时休息"是第一行动力。它不能由别的行动力派生，而且一旦缺失必然会损害其他行动力。

你看,"按时休息"这个第一行动力解决了,充沛的精力、健康的身体就都有了。至于"正常的思维",就看你对学校通知"晚上十一点半统一熄灯"这件事怎么看?如果你认为学校的规定不好、不应该这么做,甚至认为学校和你过不去,那就不是正常的思维;如果你认为"早就该这样做了","这是为我好","我应该趁此机会,马上行动,改变晚睡晚起的坏习惯",这才是正常的思维。

好了,我已经从理论上、逻辑上证明了:"按时休息"是第一行动力,是比创业能力、创新能力、学习能力更重要的行动力。至于这个第一行动力是不是最重要的行动力,留给你们思考。

最后,送大家两句话。第一句:行动,只有行动,才是提升行动力的根本途径。第二句:熄灯,只有熄灯,才是健康生活的第一行动力。

2.36 做"行动派"大学生的领头羊[①]

黄国辉　2019-5-15

刚才听了各部门的述职,感觉很好。第一,准备充分,都做了PPT,而且PPT做得很漂亮;第二,语言流畅,部长们都挺能讲,有的还挺幽默;第三,内容丰富,各部门做了许多有

[①] 本文为作者2019年5月15日在软件学院团委部门述职大会上的讲话。

意义而且有意思的事情，充分展示了咱们软件学院团学干部的行动力。在此，我代表学院党总支，对一直以来都在辛勤工作并卓有成效的团学干部们给予表扬，并表示衷心的感谢。

下面我和大家谈谈行动力，这是校党委刘锦书记一直比较关注的一件事。众所周知，立德树人、教书育人是教育的根本任务，而品德教育、知识技能教育、创新创业教育……德智体美劳，最终归根结底，落脚点都在"行动力"。教育千万条，行动第一条。

什么是行动力？简言之，行动力是指个人或团队行动的能力。行动力≠行动，但如果没有行动，那么行动力无从谈起。

行动力有几个要素。第一，行动力和生存环境有关。艰苦、恶劣的环境比安逸的环境更能激发人的行动力，绝处逢生的人行动力最强。第二，行动力和内心欲望有关。没有欲望便没有追求，没有追求便没有动力，没有动力便没有行动力。而梦想则是强烈、持久的欲望，梦想是行动力的原动力。第三，行动力和意志、纪律有关。军人的行动力特别强，是因为他们有钢的意志、铁的纪律。起床号一响，战士们迅速起床出操，没有拖延，没有赖床；冲锋号一响，战士们冲出战壕，视死如归……这是至高无上的行动力！

你们是"5G+AI"新时代大学生，不仅要有学习、学业方面的行动力，还要有应对未来职场所需要的创业、就业的行动力；你们是团学干部，是团员青年的领袖，你们要当好"行动派"大学生的领头羊。

刚才听各部门述职时，我发现每个部门都由两种人组成——干部和干事。干部、干事，都有一个"干"字。这个干，就是行动，就是行动力。

怎么干？我提三点要求：

第一，一起干。干事拼命干，干部一边看，这是不对的，应该是干部带着干事一起干。

第二，马上就干。只会喊口号不行，说得好不如干得好。既然要干，那就马上行动。

第三，一次干成。我们在校期间要干的事都不难，都能够干成，但要学会大刀阔斧，一举成功。

干成了会怎么样？"干"加一横，就是"王"。你看，干好了，干成了，就成了"王"。这里的"王"，不是国王，而是成功人士。成者为王，就是这个意思。成功本身就是对你的行动最好的奖励。豆浆卖得好，你就是"豆浆大王"。你只有干了，干好了，干成了，才能成"王"。

干是必须的，但也不能蛮干。"团"这个字由"口"和"才"组成，以前我经常以此强调"口才"的重要性，现在又有新的解释："团"这个字还告诉我们，要在一个框框里施展才华。这个框框的意思是要讲规矩，大处讲是遵守党纪国法，小处讲是遵守校规校纪。对团学干部而言，口才固然重要，但行动力更重要。而且，"理智的行动"极为重要！

最后，送大家两句话。一句是我自己的感悟：行动，只有行动，才是提升行动力的根本途径。

另一句是刘书记说的：行动力是最重要的核心竞争力。她解释说，行动力是人赖以生存的唯一载体；一切的好奇、愿望、梦想，都要靠"行动力"来实现。也可以这样理解：行动力代表1，学过的知识、有过的思考都是这个1后面的0；没有了 1（行动力），再多的 0（知识和思考）也枉然。

2.37　做最强最硬的团学组织①

黄国辉　2018-12-26

各位代表，老师们，同学们：

2018 年是软件学院的丰收之年。软件学院党总支荣获"全国党建工作标杆院系"立项；我们的深信 KAB 创业社团获评"全国高校百强创业社团"。还有一些小的成绩，例如：在上个月落幕的校运会上，软件学院获得历史最好成绩，拿到"双第一"：团体总分第一；广播操比赛第一。

对于软件学院未来的团学工作，我讲三个方面的意见：

关于"共青团"

中国共青团是中国共产党领导的先进青年的群众组织，是党联系青年的桥梁和纽带，是党的助手。为此，我们的共青团、学生会干部必须思想先进、专业过硬、乐于奉献，德智体美劳全面发展。提三点具体要求：

第一，要讲政治。"团"这个字，里面是个才，才华的才；外面是个口，可以看作一个矩形，解释为规矩。也就是说，你在施展才华时要讲规矩，尤其要讲政治规矩。

---

① 本文为作者 2018 年 12 月 26 日在软件学院第四届团学换届大会上的讲话。

第二，要有口才。你看，"团"这个字就是由口和才组成的，团学干部没有口才咋行？没有口才，我们怎么去号召青年、发动青年？可是，什么是口才呢？不要求你口若悬河、舌战群儒，但必须口齿清楚，说别人听得懂的话，说让人心服口服的话。而且，以后演讲、发言，尽量脱稿讲。共青团干部要练就一副好口才，就从练习脱稿演讲做起。

最近我还注意到，软件学院学生普遍不善言辞——"说"已经成为理工科学生的痛点。为此，需要为他们做这样三件事：一是成立软件学院演讲团或朗诵协会，目的不在于表演，而在于训练同学们的口头表达能力，让一部分同学的口才好起来；二是实行"逢评必讲"，即只要是评比，无论是评奖、评先、评优，都要安排现场面试，让参评者讲一讲，把我们心目中的优秀学生的口才"逼"出来；三是多安排模拟面试，训练同学们的自我营销能力，让我们的同学既会"做"也会"说"。

第三，要有本事。什么样的人有本事？我认为需要做到以下三点——

一要会做事。具体包括四个方面：

（1）把有意义的事情做得有意义。没有意义的事情不能做，而本来很有意义的事情，你把它做得没有意义，这就叫不会做事。所以，把有意义的事情做得有意义，这是最基本的要求，这个本事必须有。

（2）把有意思的事情做得有意思。这个好办，大家都喜欢做有意思的事情，只要用心去做，一般不会把有意思的事情做得没有意思。

（3）把有意义的事情做得有意思。这是"思政活动"的要求，按这个要求去做，才会有更多的人愿意参加活动，活动才能有效。

（4）把有意思的事情做得有意义。这是"活动思政"的要求，即在所有的活动中渗透思政教育。注意是"渗透"，不是"灌输"。我们知道，大学生普遍喜欢参加社团（活动），觉得社团活动很有意思，这正是我们开展"活动思政"的基础。趁全国高校对"活动思政"的探索还在起步阶段，我们的团学组织要敢闯敢试，成为"活动思政"的先行示范者。

二要不出事。不出事也是本事，任何时候都要把安全放在第一位，所有的活动都要把安全预案做细，确保万无一失。你有天大的本事，只要出了事，那都前功尽弃、一失万无，再能干也无济于事。

三要能听话。听话也是一种本事，它和口才是对立统一的两个方面。口才强调"会说"，说给别人听；听话强调"会听"，听别人说。听谁的话？在家听老爸老妈的话，在学校听老师的话，工作后听老板的话，这些"老"字辈的话都得听。最重要的是，我们要听党的话，跟党走。

关于"成长"

有人说，成长的本质是变得复杂。这个说法表述简洁，但太抽象了，不好懂。我们团学干部要讲团员、青年听得懂的话。

另一种说法是：成长，就是你的主观世界遇到客观世界之间的那条沟。你掉进去了,叫挫折;爬出来了,叫成长。① 这话说得漂亮,一听就懂。

关于"成长",我有两点要提醒大家:第一,挫折是难免的,你要经得起挫折,要有抗挫折能力,因为经受挫折本身就是一种成长。第二,挫折是可以减少的,你想少受挫折,可以,那就多听老师的教诲。

昨晚我带六岁半的儿子跑步,他不小心摔倒了,我趁机和他分析摔倒的原因,并告诉他:"摔倒了不要紧,搞清楚原因,把不对的地方纠正过来,以后就不容易摔倒了。"人的成长也是这样。摔倒是难免的,我们要做的,就是从每一次摔倒中吸取教训,让摔倒的次数少一点,让每次摔倒摔得轻一点。

各位同学,不要因为自己是大学生,觉得自己不是孩子了,就不把老师的话当回事。"老司机"的话你可以不听,老师的话一定要听。

关于"标杆"

标杆院系有两年建设期,我们应该怎么做?简而言之,我们的团学组织必须是标杆,我们的团学干部也要是标杆,我们都得当好这个标杆。

要当好标杆。首先得搞清楚"标杆"究竟是什么?

先讲一个通俗的解读,军训时队列训练,教官喊"向左看齐",所有人都得向左看,只有一个人例外——最左边那个人纹丝不动,目视前方,这个人叫标兵,也叫标杆。

---

① 罗振宇,《奇葩说》,第四季第 24 期。

关于"标杆"还有一种解读:标杆指道路两旁带有标志的立杆,常用于指示方向或有关限制的标记,杆底部装有尖铁脚的木杆。这个解释给我们的启示是:作为标杆,一要冒尖(尖铁脚),二要给别人指方向。

所以,标杆与其说是一种荣誉,不如说是一个标准,是一种责任。当好标杆,必须付出艰苦卓绝的努力,必须做出标志性的成果。同学们,让我们共同努力,为"标杆院系"建设贡献力量。

2.38 洪荒之力从哪里来①

黄国辉　2016-9-28

今年我们的迎新标语很时髦:使出洪荒之力,成就幸福人生。所以新生大会上我也紧扣这个新词演讲,题目是"每个人都可以是一个无穷大量"。

什么是"洪荒之力"?举三个例子,《士兵突击》许三多,他的洪荒之力就是"不抛弃,不放弃";中国女排,她们的洪荒之力是"咬牙坚持";傅园慧,她的洪荒之力就是"极限发挥"。

而我的理解,洪荒之力就是"无穷大量"。"无穷大量"有两种,一种容易看出来,如 $1+2+3+\cdots+n+\cdots$ 是无穷大量;另一种不但不容易看出,而且很难相信,如 $1+1/2+1/3+\cdots+1/$

---

① 本文为作者 2016 年 9 月 28 日在计算机学院新生入学大会上的讲话。

n+…是无穷大量。我要说的就是后面这种,很多人都不相信自己是"无穷大量"。

洪荒之力从哪里来?我提出"三多":多读书;多思考;多积累。

多读书

多读书好理解,但我们往往对"读多少、怎么读"稀里糊涂。读 10 本书、读 100 本书、读 1000 本书效果肯定不一样。

可是,三年能读 1000 本书吗?能,关键看你怎么读,会不会读。假如一本书有七章,那么这本书有多少种读法?我们往往只采取一种读法——从头读到尾,这样的读书太呆板了,难怪你只能读 10 本、100 本。实际上,许多书都可以从任何一章读起,因此选择不同的顺序,这本书有 $7! = 1×2×3×4×5×6×7 = 5040$ 种读法。五千多种,没想到吧——可这是活生生的事实。更有甚者,这本书还可以部分阅读,即选读几章,这样便有 $7×1! +21×2! +35×3! +35×4! +21×5! +7×6! +1×7! = 13699$ 种读法。哈哈,一万多种读法,你想过吗?你没想到吧。

这便是我要介绍的读书方法:
有些书需要精读,获得 1;
有些书只需选读,获得 1/2,1/3,1/4,加起来便大于 1;
有些书可跳着读,获得 1/5,1/6,…,1/13,加起来也大于 1;

读一页、一段、一句话，同样会有收获，哪怕只获得 1/14, 1/15, …, 1/40, 加起来还大于 1；

就这样，积累多了，合起来就是"无穷大量"。

多思考

这里重点讲创新思维。我举一个"武大郎卖烧饼"的例子：武大郎的烧饼要烤 2 分钟（正面、反面各需要 1 分钟），他的炉子一次只能烤 2 个饼，现在客人要 3 个烧饼，问最快几分钟可以完成？

我们可以有多种解法——

数学解法：烤一个烧饼需要 2 分钟，烤 3 个烧饼需要六分钟。合理安排烤烧饼程序，使得每次都是同时烤两个饼，则只需要 3 分钟。

武大郎解法：1. 送客人一杯豆浆；2. 用两分钟烤两个烧饼，端给客人；3. 再用两分钟烤出两个烧饼，端一个给客人，剩下一个留给下一个客人。

从科学角度，数学解法是标准答案得 100 分，而武大郎解法得 0 分。

但从人文角度，数学解法得 0 分，因为他让客人等 2 分钟；而武大郎解法应该得 100 分，客人不用等待，还能免费品尝美味的豆浆。

这个问题还有三种创新解法——

解法 3：用两个炉子同时烤。答案：2 分钟。

解法 4：换一个大一点的炉子。答案：2 分钟。

解法5：发明一种可以"双面烤"的炉子。答案：1分钟。

我要讲的道理是：许多问题都不是只有一种解法，而是有多种解法，所以要多思考，尤其是要多体验创新思维。

多实践

这部分我重点介绍《素质银行》（略），强调洪荒之力来自大量的实践和积累！每一次实践，都会有所收获（获得），即便获取的不是1，而是1/2，1/3，1/4，甚至更小，但我们一定要明白，这些看上去越来越小的量，加在一起却是无穷大量。

2.39 重要的话只说一遍

黄国辉　2016-2-25

今天是开学第一天。上午我们照例召开全院教职工大会，院领导都得讲一讲新的一年工作思路。我昨晚临睡前打了个腹稿，没写在纸片上，也没存入手机备忘录里，但我厘清了几个关键词，并决定尽量说简短一点。

我的关键词是"一个理念"和"两个观点"，具体内容如下：

我的"一个理念"是：用最简单的方法做最复杂的事情。在学校，我们的教育对象是人，我们是做人的工作，人的工作自然是最复杂的工作。但复杂工作不一定要用复杂方法去做，我们一定可以找到简单方法。这个问题我想了很多年，但一直没有想通，今天我想谈两个观点。

第一个观点是：马上就做。如果不马上就做，简单的事情也会变得复杂，这方面的例子很多。而且，人一旦养成拖拉的习惯，不但容易误事，而且会给自己增加心理负担。比如提前七天布置的某项工作，有些人习惯于前六天不闻不问，非得等到最后一天甚至最后一个小时才去突击完成，结果不但工作质量不好，而且前六天老记挂这事，实在是自寻烦恼。

第二个观点是：适度教育。一方面，要避免"不教育"，特别是专任教师，要避免只教学不教育；另一方面，要避免"过度教育"，这是我今天要特别强调的观点。对于某些重要的规定，我们习惯于"三令五申"，可是非得三令五申吗？事实上，说得越多，越让人觉得婆婆妈妈，反而让人认为不重要了。所以我不认同"重要的话说三遍"的做法，说一遍没人听的话，说三遍也没有用。正确的做法是，重要的话只说一遍，但要说清楚如果你不听会有什么后果。我们一定要清楚，过度教育不但会影响工作效率，而且会损害我们的健康，因为你的工作量会成倍增加，你将透支你的精力和体力……

2.40 不说废话

黄国辉　2013-7-5

6月28日，在一个"关爱地贫儿童"的活动仪式上，我有一个简短的演讲，被《深圳侨报》和龙岗电视台记者关注,说我的演讲没有套路,很有味道,而且"没有一句废话"。他们想要采访我,对着镜头说几句话,谈谈我们的志愿者为什么要搞这么一个活动。我拒绝了他们的采访,说活动是学生策划的,这些学生最有发言权,要他们去采访牵头的学生。

下面是我演讲的大致内容①:

各位嘉宾、各位家长、小朋友们,大家下午好!很高兴参加今天这个活动。我们学校非常重视志愿者工作,全校上万名学生个个都是志愿者。2011年学校搬迁到龙岗后,我们学院的"萤火虫义工队"在一年多时间里,利用节假日休息时间,组织和参与各种志愿服务活动60多次,受助群众达1000多人,服务时长累计超过1500小时。

在活动仪式开始之前,我看到我们的大学生志愿者给小朋友每人发一个气球,小朋友们拿到气球都很开心。我一边看着志愿者给气球充气,一边想:气球为什么会飞呢?气球在充气之前是不会飞的,气球之所以能飞起来,是因为里面有氢气。同样的道理,要让孩子们飞翔,我们就得让孩子们充满希望,就得让他们心中有信念。当然,我们的家长,我们的教育工作者,还有社会各界人士更要心中有信念,我们大家都来关注、关爱地贫儿童的健康和成长。

---

① 此部分内容根据记忆整理而成。

关于这次活动的意义,我想用我们义工队的名字"萤火虫"做一个诠释:一只萤火虫发出的光是微弱的,可以微不足道;但是,几十只、几百只、成千上万只萤火虫发出的光是不容忽视的,这样的"聚光"不仅可以照亮我们前行的道路,还能温暖我们的心灵。

预祝本次活动圆满成功,各位小朋友们能够玩得开心,过一个难忘快乐的生日。最后,感谢狮子会博爱分会对活动的大力支持!感谢媒体的关注!

下篇

素 材

本篇4个版块的40篇日记，涉及党建工作、思政工作、学生成长、辅导员成长，以及关于教育理念、工作方法的思考等多个方面，是作者从1000多篇工作日记中精选出来的"思想火花"。

这些日记中，有和企业老总的谈话，也有党建工作思路；有"跟党徽学党建"的理念，也有关于"智慧党建"的创新思考；有"我对马克思主义深信不疑"的执着信念，也有"永远看不见射向自己的子弹"的警醒；有一切"如果"都是马后炮、学一学我们的校医等直白的表述，也有"牛轧花生糖"、军训"拉直论"等巧妙的比喻。

这些日记中，不少涉及创新思维和方法，有学会"偷懒"、巧干的方法、不要"一根筋"，也有面试的"万能钥匙"、留有余地的智慧；有解读"安全"、我的"绝活"，也有曲径更美、关于"行动力"的初步思考；有走好"最后100米"、学会"造零件"，也有方法比结果更重要、我们都应该是"安徒生"；甚至还有关于"课桌变形"的思考和"田忌赛马"的反思……

党　建

3.1　和企业老总谈党建

黄国辉　2019-12-31

今天同事带来了一位企业老总吕先生。吕总的来意是想招聘我们的优秀毕业生，要的还比较多。这事简单，我只需了解他的需求，把任务布置给负责就业的辅导员即可。

可是，坐下来一聊，话匣子打开了就关不住，我和吕总谈起了党建工作。在得知他的企业有党员没有党组织之后，我立刻建议他把党组织建起来。我讲了在民营企业建立党组织的意义、作用，并引用了昨天产耀东（深汕合作区党工委书记、区长）的观点——"经济是今天，科技是明天，教育是后天，文化是大后天"。我提醒吕总，要把企业做大做强，不能只盯住今天的经济、明天的科技，一定要放眼后天的教育、大后天的文化。党是领导一切的，有了党的组织、党的领导，企业才会有更好的发展。

我甚至谈到，现在不少民营企业没有意识到党建工作的重要性，你在这方面突破一下，很容易引起相关部门的关注，而且能提升企业的社会信誉和知名度。我鼓励他说："不要有什么顾虑，在你的企业建立党组织，不会影响企业的生产力和经济效益。恰恰相反，有了党组织，你的企业有了灵魂，你的员工有了精神家园，反而会提升生产力，提升经济效益。企业文化不是简单的喊喊口号，最好的企业文化必须融入党建的红色文化。总而言之，企业家一定要听党的话，跟党走。"

这时，吕总说："我现在已经是听党的话，做党的事。"我回答说："不够，你连党组织都没有，说这话底气不够。"

这位吕总被我说得热血沸腾。我进一步建议，回去之后马上就干，把党组织建起来，我们可以进行"校企合作党建工作资源共建共享"。

3.2　2020年党建工作基本思路

黄国辉　2019-12-28

工作目标"2020"——

2——双优。即"党建工作标杆院系"在全国、全省两个层级的验收均以优秀等级通过。主要工作有：写好一本书（《跟党徽学党建》）；完善"两个小程序"；落实"三全育人"；确保"四个一"成果（在体制机制、经验举措、方法办法上形成一套可复制、推广的典型经验，高质高效运作一个新媒体平台，制作一个示范点建设微视频，汇编一本示范点建设成果资料）；落实"五个到位"（党组织领导和运行机制到位、政治把关作用到位、思想政治工作到位、基层组织制度执行到位、推动改革发展到位）。

0——零事故。即政治安全事故、重大伤亡事故、重大工作失误都必须为零。

2——双高。即秉承"软实力铸造硬功夫"理念，全力实施、完成"双高"计划的各项任务，取得更丰硕的标志性成果。

0——零突破。即高度重视教工党支部建设和教师思想政治工作，教师党员发展工作必须"破0"。

工作举措"421"——

4——"四抓"促"四高"：

抓早——做好顶层设计——高站位担当；

抓小——从小切口入手——高起点规划；

抓细——推行任务清单——高标准建设；

抓实——以成果为导向——高质量发展。

2——两低。放低心态，不骄不躁；放低身段，服务师生。

1——全院上下一门心思干事创业。

3.3 要重视总结提炼

黄国辉　2019-12-14

昨天在首批"全国党建工作示范高校"湖南化工职业技术学院考察，该校党委组织部张部长系统地介绍了相关经验，我关注到下述三个细节：

（1）党员联系班级，使得学生动态能够及时反映到党委班子。

（2）所有活动必须把红色元素、党建要求渗透进去。

（3）社团指导老师必须是党支部书记。

这些事我们也在做。不同的是，后面两件我们不但把事做了，还进行了提炼：对活动的提炼是"活动思政"[①]，对社团的提炼是"一社双导"[②]。

湖南化工职院没有提"活动思政"这个概念，但他们倡导"所有活动必须把红色元素、党建要求渗进去"，说明已经在做这件事了。

由此我意识到：凡是你想到的，别人也能想到；最遗憾的是，你还在想这想那的时候，别人已经做到了。

所以，下面这"三事"非常重要：做别人压根就没想到的事，做别人想到但没做到的事，做别人做到但没做好的事。

不但要做，还要总结提炼；不但要总结提炼，还要把这些辛辛苦苦提炼出来的东西公开发表，发表论文，或者出版论著。

---

① 张雅静、陆模兴、黄国辉：《"活动思政"：完善"大思政"教育体系的必然路径》，载《深圳信息职业技术学院学报》，2019年第5期，第19—22页。

② 陆模兴、张雅静、黄国辉：《建立高校学生社团与"活动思政"连通机制的探究与实践》，载《深圳信息职业技术学院学报》，2019年第5期，第24—27页。

3.4 嘉宾反响热烈

黄国辉　2019-11-27

软件学院展厅只用了 3 周时间就建好了。整个展厅分成四间：1 号馆，序馆；2 号馆，党建铸魂；3 号馆，示范引领；4 号馆，立德树人。

今天上午迎来了"推进全国职业教育高质量发展现场会"的大批领导、嘉宾，先后来了五拨，共 60 余人。

从嘉宾现场反响看，我们每个馆的内容都吸引人，或者说不同身份、背景的嘉宾被不同的内容所吸引。

1. 在 1 号馆，嘉宾普遍对我们提出的"跟党徽学党建"的理念感兴趣，说这样的概括很新颖、很贴切。还有嘉宾问："视频中'三小三大'概括得挺好，展板上有没有介绍？"我们立即帮他指出来。他掏出手机，把内容拍了下来。（三小三大：小程序，大作为；小切口，大思政；小苔花，大绽放。）

2. 在 1 号馆，嘉宾还普遍关注"两个小程序"，这是我们的学生自主开发的。嘉宾们有些只是看演示、听讲解，更多的是亲自动手体验，有些嘉宾还关心其作用、意义，我在学生回答之后补充说："这其实就是我们自己的'智慧党建'，我们自己的'学习强国'，我们自己的'第二课堂成绩单'。"

3. 在 2 号馆，嘉宾比较关注思政教育板块，尤其是"举措成效"部分，介绍如何解决高职学生的三大"痛点"（学习动力弱、行为习惯差、自信心不足），许多嘉宾都有共鸣。听完这一段讲解后，有位嘉宾情不自禁对讲解员说："讲得很好，不是第一句讲得好，也不是最后一句讲得好，而是每一句都讲得好。"（这位嘉宾很睿智，他活学活用了展板上"包子理论"："吃饱肚子的，不是最后一个包子，而是每一个包子。"）

4. 在3号馆，嘉宾主要是对展品和老师们的业绩感兴趣。这里展示的是我们在产教融合、创新发展方面的"硬功夫"，是"双标杆"的另一个标杆。有位专家说："你们的这些展品虽然很不错，但在其他地方也能看到类似的东西。我们更关注你们的党建、思政工作，这方面的工作是很难做的，你们在党建、思政方面的理念、做法比较特别，有新意，值得学习。"

5. 在4号馆，嘉宾对学生的作品表示出极大的兴趣。这个馆展出了10件作品，原本只让学生介绍其中三件，每件约20秒时间，可我们的学生根本收不住，几乎把所有作品都介绍了一遍，严重超时，但嘉宾却不厌其烦、兴致勃勃。

6. 在4号馆，嘉宾还对毕业生就业率、专业对口率、平均薪酬颇为关注，教育部职成司陈子季司长还在3号馆听讲解时就问蔡铁院长这方面的数据，蔡院长对答如流。当看到2018年毕业生平均薪酬全国是4312，我们是5633时，有嘉宾说："这个数据不准确，全国的说高了，你们的说低了。"

7. 离馆时，有些嘉宾意犹未尽，问我们："你们的解说词非常好，有没有纸质版的，给我们学习一下。"整个展厅所展示的内容，文字部分约12000字，我们按8分钟讲解、1分钟演示（小程序）、3分钟看视频、3分钟看展品。解说词是我亲自梳理的，不到2000字，确实体现了"浓缩的都是精华"。我们还将精益求精，对此做进一步的打磨，让简短有限的讲解迸溅出最灿烂的火花。

3.5　软实力铸造硬功夫[①]

黄国辉　2019-10-9

苔花如米小，也学牡丹开。深圳信息职业技术学院软件学院党总支从党徽中汲取党建工作智慧，用"锤子"夯实党建工作基础，用"镰刀"推进工作创新。作为全国高职院校中唯一获得立项的标杆院系，他们有什么亮点呢？

小程序，大作为。软件学院党总支秉承"软实力铸造硬功夫"工作理念，针对党建工作难点，开发"党员素质肖像"小程序，动态形象地展示党员综合素质，激发党员充分发挥先锋模范作用。针对高职大学生成长过程中的痛点，创新学生管理模式，开发"职业素质银行"小程序，用数据引导、规范学生的日常行为，指导他们科学规划职业生涯，提升竞争力。两个小程序上线使用者达2000余人，覆盖了全院党员、师生。

小切口，大思政。从思政课程到课程思政，从思政活动到活动思政，坚持把有意义的事情做得有意思，树立了一批标杆课程、标杆活动；通过"三商"并举，落实"三全育人"理念。红色运动会、"穿越火线"等特色活动，如春风化雨，润物无声；早起训练营、快乐减肥团等特色社团，广受学生热捧。

小苔花，大绽放。深圳市委常委宣传部长李小甘亲临指导

[①] 本文为2019年新时代高校党建"双创"工作推进会成果展示视频（报送教育部）解说词。推进会于2019年11月12日在浙江大学召开。

工作；《光明日报》《南方日报》《深圳特区报》等多家媒体对标杆院系建设情况做了相关报道。立项以来，学院各项事业再创佳绩：2019年8月，获教育部首批国家级教师教学创新团队立项；党建、教学、科研业绩不断刷新。2018年以来，学生获得科技类、人文类等国家级奖项25个、省级39个、市级100多个。就业质量不断提升，创业达人、就业明星层出不穷。

未来，在学校党委领导下，他们将更加努力，朝着党建、业务"双标杆"的目标迈进，创造新的辉煌。

3.6 跟党徽学党建

黄国辉　2019-6-20

在我漫长的职业生涯中，应邀做演讲分享工作或研究心得的经历不多。最早的一次是1987年春季，我受母校邀请回校给师弟师妹们现身说法，讲参加工作后的体会和感悟；最重要的一次是1992年春季，中国教育学会数学教学研究会在广州、深圳举办第三次全国"思维与数学教学"专题学术研讨会，我在会上宣读论文《思维的映照性》。最近几年，主要是应继续教育学院邀请，先后给新疆班学员讲"成功概率与附和原则"、给光明区女干部讲"趣谈活动的策划与实施"，还多次给本校老师、学生举办减肥讲座"这方法能帮你瘦身"。至于党建工作方面的演讲，昨天下午在常州工程职院是第一次。

常州工程职院一个月前来过我们学校，该校党委书记王光文带队，特地过来参观标杆院系建设，听取了我们的汇报，对我们的做法颇感兴趣，王书记还和我一起体验贴墙站。临离开时，党委副书记欧汉生跟我说，下次要专门组织各二级院系的党总支书记来学习。我当时以为是客气话，没想到是真的。他们正在安排党务干部的系统培训，邀请我过去讲如何抓二级学院党建工作，并分享标杆院系建设方案的完成过程。两年前我去过该校，他们的信息化、智能化做得特别好，正好我也想带标杆组成员去向他们学习，便爽快地答应了。

讲座安排在昨天下午两点开始，我演讲的题目是《关于院系党建工作的想法做法写法》。我讲了大概100分钟，内容包括5个部分：前言（跟党徽学党建）；想法；做法；写法；后语（如何创新载体）。

自我感觉想法部分（包括前言、后语）讲得比较清楚。相比之下，做法、写法两部分讲得比较平淡。对此我一开始也做了交代：我擅长思考，想法比较多；做法、写法主要靠身边的同事，让他们讲会更实在。后来听到他们议论，最精彩的是关于"跟党徽学党建"理念的解读，他们说第一次听到锤头、镰刀可以理解为两种不同的思维方式。

实际上，常州工程职院"面"上的党建工作是很厉害的。昨天上午我们听了该校组织部长蒋小燕的介绍，他们组织部才三个人，每天的工作排得满满的，但他们只用三天就在第四次党代会之前，做出了一个党建工作的视频，非常高效！在这个短视频中，我们了解到常工党建有个"54321工作思路"：5纵，4横，3度，2化，1主线。我们还看到了常工的"智慧党建"，通过这个系统，可以全方位了解各部门、各基层党组织的工作内容、工作进度和工作结果（用表格和符号显示），值得我们深入学习。

附：常州工程职业技术学院的校园网报道

为进一步提升学校党务工作者的能力，促进学校党建工作高质量发展，6月19日下午，学校举办2019年第二期党建工作论坛，邀请深圳信息职业技术学院软件学院黄国辉书记介绍院系党建工作的想法、做法和写法。辅导会由党委副书记欧汉生主持，学校党总支委员、党支部书记、党务部门负责人参加了学习。

辅导会上，黄国辉书记结合深圳信息职业技术学院软件学院创建"全国党建工作标杆院系"的工作，从解读党徽入手，介绍了深信院党建工作从"硬功夫打造软实力"到"软实力铸造硬功夫"的过程，跟学校的党务工作者分享了如何产生好的党建工作想法、破解党建工作的难点和化解学生的痛点的做法以及党建案例的写法，辅导会理论充实，案例翔实，对学校党建工作有很高的指导作用，学校党委将以标杆院系和样板支部创建为抓手，实现党建工作高质量推进。

2018年年底，教育部办公厅公布了首批全国党建工作示范高校、标杆院系、样板支部培育创建单位名单，深圳信息职业技术学院软件学院获"全国党建工作标杆院系"立项，是全国1400多所高职院校中唯一获得立项的高职院系。（组织部）

3.7 锤头镰刀的启示

黄国辉　2018-10-8

今天早上起来，刷牙的时候，我突然想到：锤头和镰刀既是劳动工具，也是斗争武器，还可以代表不同的思维方式。如果不局限于它们在党徽图案中的特定意义，从不同角度看，锤头、镰刀的含义可以有不同解释。

在党徽图案中，锤头、镰刀代表工人和农民的劳动工具，象征着中国共产党是中国工人阶级的先锋队，代表着工人阶级和广大人民群众的根本利益。

在现实生活中，锤头是钝器，是用来敲打的（如钉钉子），是工人做基础性工作的工具，也是家庭常用工具之一；镰刀是锐器（利器），是用来收割的（割稻子、割麦子），是农民收获劳动成果的工具。

从思维角度看，锤头是纵向思维、收敛思维，是按照某种固定的思维定式、点对点突破、集中聚焦解决问题的思维方式；镰刀是横向思维、发散思维，是以结果（成果）为导向、不拘一格、快刀斩乱麻解决问题的思维方式。

锤头的纵向思维是"钝功夫"，是做好各项工作的基本功；镰刀的横向思维是"锐功夫"，是开拓创新的能力。我们正在进行的"党建工作标杆院系"创建工作，既要有钝功夫，即做好规定动作，"五个到位"和"七个有力"都要做好做实，要像敲钉子一样把这些"钉子"钉牢；又要有锐功夫，即做好自选动作，突出特色和亮点，尤其要做好这样"三件事"——做别人压根就没想到的事,做别人想到没有做到的事,做别人只敢想不敢做的事。

为此,我们需要练好这两种功夫。练钝功夫需要耐力、意志力,甘于平凡,甘于奉献,耐得住寂寞,经得起挫折;练锐功夫需要胆识、创造力,敢说"大话",敢闯敢试,还得思维敏捷,有预见能力。

3.8 关于"智慧党建"

黄国辉 2018-9-11

十年磨一剑,这话一点不假。过去十年(2007—2016年),我把主要精力投入到高校学生工作,取得了一些成果;之后10年(2017—2026年),正好是我职业生涯的最后10年,我想把主要精力投入到高校党建工作。

刚获得"标杆院系"不久,刘锦书记便给我们布置新任务——探索高校"智慧党建"模式,她希望采用微信小程序的模式,动动指尖,要啥有啥。

怎么办?先取经。近日,我和王寅峰副院长一行4人,前往深圳南山区委党校就二级院系如何开展"智慧党建"学习取经。

南山智慧党建是党建与大数据、云计算等技术融合共生形成的"互联网+党建"模式,实现了党群工作的精细化管理、人性化服务、长效化运作,打通联系服务群众"最后一公里"。通过参观学习,大家了解到南山智慧党建以"云(E网通党建云）、网（南山先锋网）、图（党建电子地图）"为核心，重点建设"两平台四板块"，即党员联系服务群众信息化平台（含智慧问政、智慧服务、智慧互动三个板块）和党员教育管理服务信息化平台（智慧管理板块），实现互联互通，构成线上线下、虚实结合的党建工作新体系。南山智慧党建系统覆盖面广、涉及内容全、实施效果好，非常值得学习借鉴，尤其是晒学竞学榜、每日一学、每周一考、党建电子地图、党费缴纳、党员朋友圈等板块，对党员颇具吸引力。

然后，开"诸葛亮会议"，研究适合我校（院）实际的办法。我们先后召开了党政联席会议、党总支委员扩大会议、辅导员会议，形成了如下共识：软件学院将根据学校党委要求，结合学院"全省党建工作标杆院系"创建工作目标，突出我校党建工作特色和亮点，用微信小程序的形式，构建"党员素质肖像"这一新时代高校智慧党建新模式，即用户输入业绩数据，经过审核无误，程序自动生成图像——素质肖像。

短短116个字，凝聚了许多人的智慧。值得一提的是，"党员素质肖像"是一个人无我有的全新理念，它是我提出的"党员素质银行"与院长、副院长提出的"数字肖像"叠加的结果，合成这个概念的人是组织员张雅静。

党员素质肖像的内涵，是通过采集每个党员可量化的个人素质、业绩数据，不断完善、美化个人形象（素质肖像）。在这个过程中，形象是数据日积月累的结果；同时，形象又反作用于数据——当形象（局部）出现缺陷时，系统立即提醒主人有针对性地进行数据充值。这个理念体现了"数形结合思想"，实现了"把有意义的事情做得有意思"。

简言之，所谓"党员素质肖像"，就是把党员素质银行三大板块中的数据，转换成一个生动活泼的素质肖像，其中：思想先进板块，对应肖像的头和手；业务过硬板块，对应肖像的身体；乐于奉献板块，对应肖像的腿和脚。

更惊艳的是，我们还可以把同样的理念用于学生"职业素质银行"：学会学习对应肖像的头脑；健康生活对应肖像的身体；人文底蕴、科学精神对应肖像的两手；责任担当、实践创新对应肖像的两脚。而且，根据陆模兴的提议，我们还应该帮学生一个大忙——汇总"职业素质银行"的全部数据，自动生成一份个性化的图像简历。企业招聘人员看到这样的简历一定会肃然起敬，因为这个简历是用三年时间绘就的精美画像。

是的，我们的"职业素质银行"不能为积分而积分，必须对学生的职业生涯规划（就业）给予科学指导，起到领航作用。

3.9 巧干的方法

黄国辉　2018-12-7

上午给"标杆组"开会时，我不但和他们一起回顾、反思了获得"全国党建工作标杆院系"立项的内在原因，而且还探讨了未来的两年建设期应该怎么做。我讲得比较简洁，就两个词：苦干；巧干。

苦干谁都会，主要看你能不能吃苦，愿不愿意干。也就是说，苦干拼的是时间和体力，靠的是态度和情怀。但是，苦干只能解决一个基本功问题，无法做出特色和亮点，更谈不上质量和效率。所谓巧干，就像杠杆原理，找到合适的支点，用较小的力量撬动巨石。

巧干分很多种：

第一种巧干，是学会用"二八定律"进行时间管理。即集中80%的精力做好20%的重点、核心工作，而不是胡子眉毛一把抓。

第二种巧干，是学会"发散思维"。不要急于动手蛮干（否则很可能用的是笨方法），要先思考做这项工作可能有哪些方法，其中哪个方法最好，采用最佳方法就是巧干。

第三种巧干，是学会用"工具"、革新"工具"。工具的改进是非常重要的巧干。一定要把"智能化"融入我们的工作，党员素质银行、职业素质银行都要建立相应的数据平台。

我还谈到三点具体要求：

一要双促进，党建工作、业务工作相互促进，齐头并进。二要有创新，在工作中凸显特色和亮点。三要出成果，不但要有教学、科研成果，还要有党建工作的理论研究与实践成果；不但教师要有成果，学生也要在技能竞赛、创新创业、校园文化活动等多方面出成果。

3.10　团缘[1]

黄国辉　2010-4-8

经历过团工作的人都有一种情结——共青团情结，它深深地藏在我们心底，离开共青团岗位越久，对往昔岁月的怀念越浓。

经历过团工作的人都有一种习惯——珍惜共青团情结，喜欢隔三岔五地聚在一起追忆激情燃烧的青春岁月，我们把这种缘分叫"团缘"。我经常谈起对"团"这个字的理解，觉得参悟了这个字，也就领悟了团工作的理念和方法。

从字面上理解，口中有才就成了"团"。所以团干部首先必须有口才，这是对"团"字的第一种解释，也是最原始的解释。不难发现，即便是个内向、木讷的人，一旦有了团工作经历，用不了多久就能即兴演讲，出口成章。因为共青团干部必须善于唤醒人、激励人、鼓舞人，善于用激情点燃激情。

第二种解释：既要有真才实学，更要讲规矩（"口"代表规矩）。这就是说，团干部要讲政治，要有大局意识，开展团的各项工作时要服从党的中心工作，要服务团员青年的成长成才需求。

第三种解释：打破框框才有出路（"口"看作框框，特指思维定式）。团工作不能故步自封，不能总是老样子、老路子、老法子，应该不断学习新知识，探索新理念，总结新经验。

---

[1] 本文曾被学校团委内刊《青春留声》采用为卷首语。

值得注意的是,要是多一捺,"团"就变成"困"。这就警示我们,团的工作不要画蛇添足,不要包打天下,要有所为、有所不为。

思 政

3.11 关于征集校园"暖话"和警句的思考

黄国辉 2019-3-8

下午去致远楼的路上,大脑里突然冒出"暖话"这个词,我立即捕捉住这个灵感,在半小时内用手机写下这篇日志——

暖话是人与人沟通的纽带,它给我们带来温暖,带来幸福感;警句则是人们约束自我行为的规范,它给我们减少麻烦,带来安全感。最常听到的暖话,如:您好,请,谢谢,对不起,再见。至于警句,最近比较流行的有:道路千万条,安全第一条;绿水青山就是金山银山。

我们正在开展的"日行一善"活动,是一个"善言—善行—善心"递进的过程,善言是这个过程的基石,而暖话、警句都属于"善言"。征集校园"暖话"和"警句"是一件很有意义的事,这件事本身就是一种善举(行)。

校园"暖话"和"警句"的提炼,可以围绕"日行一善"活动倡导的"七个学会"进行,提交作品必须是原创。而且,提交的作品不只是一句话,还应讲述这句话"背后的故事"。我特别期待通过这个征集活动,收获一批优质的校园"暖话"和"警句"。我们将把这些宝贵的精神财富回馈给全校师生,为我们的和谐校园刮起一股温暖的春风。

〔附〕"七个学会":1. 学会做人,做个好人,好好做人;己所不欲,勿施于人,诚信、守信,乐于帮助别人。2. 学会做事,做正确的事,正确地做事;先做应该做的事,再做喜欢做的事。3. 学会克制,不要伤害别人,以宽容之心原谅伤害过自己的人。4. 学会礼貌,礼貌用语要常挂嘴边,让"微笑、问好、让路"成为习惯。5. 学会珍惜,珍惜生命,珍惜光阴,珍惜健康,珍惜亲情,珍惜友情,珍惜现在拥有的一切。6. 学会感恩,不忘父母养育之恩,不忘老师教诲之恩,不忘朋友相助之恩;功成名就之时,不忘回报恩人,不忘回报母校、回报社会、回报祖国。7. 学会坚强,正确对待挫折和失败,把困境和磨难看作是对自己的考验,不抛弃,不放弃。

3.12 牛轧花生糖

黄国辉 2018-3-22

最近在国家教育行政学院学习。按国教院要求,每组须派一名学员代表在课前作微分享,以下是我代表第四组和高职院校学员的发言内容(摘要)。

我想讲一讲做思想政治工作的体会,概括为五个字:牛轧花生糖。①

牛,牛气、牛劲的意思。说的是工作的精神状态。做思想

---

① 关月玲编著:《科学学习方法》,咸阳:西北农林科技大学出版社2013年版,第172页。

政治工作的人，一定要有底气，要牛气，要有一股子牛劲，这样做工作才有号召力和感染力。

轧，谐音扎，意思是工作过程要扎实。什么叫扎实？用我校党委书记刘锦同志的话来说，就是"四抓"：一抓早，用望远镜看事情；二抓小，用放大镜看事情；三抓细，用显微镜看事情；四抓实，把每项工作做到位，用事实说话。

花生，谐音化生，转化学生的意思。以前我们主要转化这样"四种学生"：学习有障碍，生活有困难，心理有困惑，行为有过错。最近发现还有两个群体的学生比较多，一是身体超重的学生，二是爱睡懒觉的学生。为此，我们成立快乐减肥团，我用自创的"快乐数学减肥法"帮助他们；我们建立早起训练营，用抢红包的方式"叫醒"他们。就这样，我们"让懒虫早起，助胖子减肥"。我们还打算给一年内减重13%或者连续一年坚持早起的学生，颁发体商素养特等奖，其含金量不亚于一纸毕业证书，甚至可与全国职业技能大赛一等奖媲美，因为这不是一般的获得感或成就感，它是一种化茧成蝶的蜕变。我们为什么要这样做？最近我在一本书里，看到这样一句话："只有学生和老师都能在教育中完成他们认为不可能的事情，我们的教育才会变得激动人心。"

糖，甜蜜的意思。这就是说，我们的工作结果必须是甜蜜的，不能是痛苦的，也不能是无效的。

牛轧花生糖为什么好吃？因为原料中的牛奶有营养，花生香香的，棉花糖甜甜的。用"牛轧花生糖"理念做思政工作，也要有营养、香香的、甜甜的。

3.13 我对马克思主义深信不疑

黄国辉　2018-3-22

最近在国家教育行政学院学习，西安交通大学燕连福教授的讲座《信仰的力量——我们为什么要信仰马克思主义？》很震撼，引起我的许多共鸣。他的PPT中有不少数学概念、符号、定理，让我的理解多了一份专业认知。

早在上大学时期，我就对马克思主义深信不疑，那时我才十四五岁，刚加入共青团组织不久。我的专业是数学，我惊奇地发现，在大学期间我学得最好的学科，不是微积分、线性代数等专业课程，而是哲学。这和哲学老师的学术造诣和教学艺术有很大的关系，他是我大学期间最崇拜的老师。

我想更深入地了解自己为什么对哲学比数学更感兴趣？我看了大量的马克思传记，得知马克思是一个数学爱好者，而且数学造诣很深。他在写《资本论》时，应用了当时只有少数数学家才懂的微积分。之后，我还阅读了《自然辩证法》和数学哲学方面的书籍。

大学毕业后，我成为中学数学老师。在课堂上，我经常结合数学给学生讲哲学，讲得最多的是对立统一规律和普遍联系的观点。我的学生发现，每次遇到难题，用数学方法解决不了时，老师都是用哲学观点指导他们解决问题。

我有个学生名字叫方球。有一天，他向我抱怨："看我父母给我取的这个名字，球怎么能是方的呢？这样一个自相矛盾的名字，太让我困惑了，难怪我的成绩不好。"我回答道：

"你的理解不对。方和圆不只是对立的,还是统一的,符合对立统一规律。在数学里,圆可以看作一个正多边形的边数趋近于无穷大的结果(比如一个正 64 边形便很接近于圆),这就是方与圆的统一性。我国古钱币外圆内方,也体现了这种对立统一性。"此后,方球便不再困惑,转而喜欢上了自己的名字。现在的他已经是家乡政法界职位不低的公务员。

让青年学生信仰马克思主义,需要政治老师的努力,也需要其他学科老师努力,更需要党建、思政工作者努力,还需要家庭教育、社会教育的配合。

3.14 军训"拉直论"

黄国辉 2017-11-17

我带学生参加军训长达 10 届,有一些深刻的感悟,2009 年提炼出"三件事",2011 年酝酿出"素质银行",2015 年提出军训"三段论"。今天我又有新的感悟——"拉直论":军训是一个"拉直"的过程,显著特征是把参训学生形如波浪的队形拉直,同时把对参训学生的各种"?"拉直成"!"。

两点之间,线段最短。从一个点到另一个点,路径是曲线可以有无数条,但走直线(路径为线段)只有一条。拉直的意义在于统一:统一的思想,统一的语言,统一的行动(行为),统一的节奏……步调一致才能得胜利。

军训把作息时间拉直。军训前,数千学生起床时间不一,有人六点半,有人七点,有人七点半,有人八点……极差(最晚起床与最早起床时间差）可能高达三小时；睡眠时间更离谱，最早睡的可能是 22：30，最晚睡的可能到次日凌晨三点，甚至第二天天亮。把他们的作息时间描点作图准是波涛起伏的曲线，但军训把所有学生的作息时间拉直，六点起床，十点睡觉，谁也不敢违抗。

军训把穿着拉直。没有裙子，没有窄脚裤，没有露背装、露脐装，也没有斑斓的色彩，只有清一色的迷彩服。

军训把语言拉直。整个训练场，没有叽叽喳喳的声音，我们听到的只有统一的声音："苦，不怕苦；累，不怕累。"

值得深思的是，所有在军训期间被拉直的东西（习惯）能持续多久？怎样才能不弯回去？很明显，如果不刻意去保持 13 天军训养成的好习惯，那么很可能不出 3 天便"一夜回到军训前"，因为：养成一个习惯至少要 21 天（3 周），保持一个习惯需要 3 个月，固定一个习惯需要 1 年时间。

3.15 解读"安全"

黄国辉 2016-7-12

汉字是世界上最美的文字，原因有三：第一，简洁，可以用很少的字词、短语或句子，表达很丰富的内容；第二，好看，一个"福"字有上百种写法，中国书法誉满全球；第三，象形，即形意合一，许多汉字都可以顾名思义，从字的形状去理解它的意义，这是中国汉字最大的特点。

今天下午召开本学期最后一次辅导员会，我想重点强调

"安全"问题,就从字面解读"安全"开始(有点上语文课的味道)。

先说"安",在古人看来,"家"中有"女"为安,因为那时是母系社会,母亲是整个家庭的保护神和精神支柱。按现在的解释,应该是做事或外出旅行要像女人一样细腻,凡事要三思而行,做足安全措施。

再说"全",是"人"和"王"的合成,即以"人"为"王",把每个人都像"王"一样看待,这就是现在所说的"以人为本"。可见"以人为本"的理念并非出自西方,中国古代早就提倡"以人为本"了。

有两件事一定要做,一是在放假前向全体学生发"安全告示";二是暑期活动(社会实践)一定要有安全预案。

关于社会实践"安全",我认为要特别注意做到"三防":

一防交通事故。首先,要严格遵守交通规则,无论是自己开车,还是坐别人开的车,一定要控制车速;其次,尽量避开在货柜车前方行驶或与其并行。

二防食物中毒。不在无名小店吃饭,不吃路边摊,饮食安全便有保障。

三防"自拍死"。自拍死是最新出现的网络名词,是指自拍者在自拍时发生意外以至于死亡的事件(全球许多地标性建筑已经开始禁止自拍,或使用自拍杆自拍)。自拍死的起因通常是玩刺激——为了获得点赞和转发量而拍摄看起来很酷的自拍照。对此,要提醒学生高度警觉,尤其是暑期社会实践活动,应禁止学生在室外场所玩自拍。

3.16 学一学我们的校医

黄国辉　2016-3-1

昨天去校医院做理疗，我趴在按摩床上，赵医生给我扎了二十多针。

在扎着做理疗的半个多小时里，我听见来了一位大一学生，该生是一位典型的网游痴迷者，经常把自己搞得腰酸背痛，从去年进校起就到校医院做理疗。从对话中得知，这位男生上学期已经治好了，但经过一个寒假的疯玩，旧病复发，又来向赵医生"求救"了。

赵医生不但治病，而且"救人"。赵医生先教训学生不该抽烟（一嗅就知道他来之前抽了烟），抽烟对身体不好。然后一边给学生扎火针，一边软硬兼施地开导他："你这病得靠自己治，不能无节制地玩游戏，治好了玩，玩痛了再治，你这是在折磨自己；这次治好了，你不能再疯玩了，即便戒不了网游，也应该适可而止；你要是不听我劝，下次就别来找我了。"

寥寥数语，直指学生的要害，这种教育比一般的说教管用。作为校医，赵医生自发地秉承全员育人的理念，适时地教育学生关注健康，改变不良习惯，他的工作态度和教育方法都值得我们辅导员学习。

我们应该向这位校医学习什么呢？

一学积极的职业态度。学生来就医，治病是医生的本分，劝告、教育的话他不说，没有人会对他指手画脚，说他没有尽职尽责，但他却把劝告、教育学生视为己任，这种职业态度

(精神)值得我们学习。

二学恰当的教育时机。学生求医自然是健康教育的最佳时机,而复诊更是对其进行改变陋习教育的最佳时机,校医把握了这大好的契机。

三学适度的教育方法。校医既没有"不教育",也没有"过度教育",他没有唠唠叨叨说一堆大道理,而是寥寥数语,点到为止。

3.17 曲径更美

黄国辉 2014-12-1

有句话经常被用来激励人:前途是光明的,道路是曲折的。这话颇有哲理,但其表述我觉得有些沉重,不如简述为:曲径更美。

先看图 3-1,从起点 A 到终点 B 有两条路径,请问:哪条路径更近?

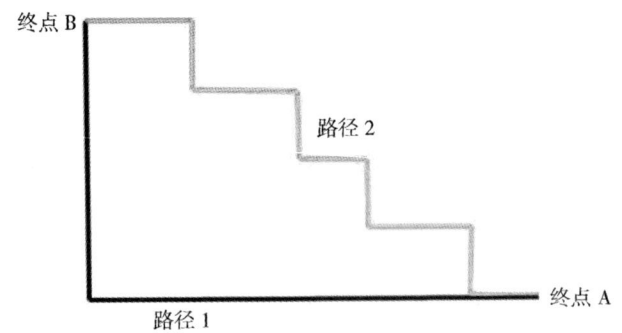

图 3-1 哪条路更近?

表面看上去，路经 1 更近。其实不然，稍有数学常识者一定知道：两条路径路程相等。可是，如果是开车从起点 A 到终点 B，你会选择只需拐一次弯的路径 1，还是拐多次弯的路径 2 呢？

也许有人会选择路经 1，因为这条路径感觉更"爽"。真是这样吗？

再看图 3-2，你也许会恍然大悟：路经 2 其实更爽。因为虽然两条路径路程相等，但路径 1 需要过 7 个红灯，而路经 2 只需要过 4 个红灯（不含可以直接右拐弯路口的红灯）。如此一对比，路经 2 岂不是更省时省心吗？当然，这里有个前提，就是路经 2 的 4 个红灯路口都是左拐弯，我们认定在这 4 个路口左拐弯与直行是同时由红灯转绿灯，而且持续的时间相差不大。

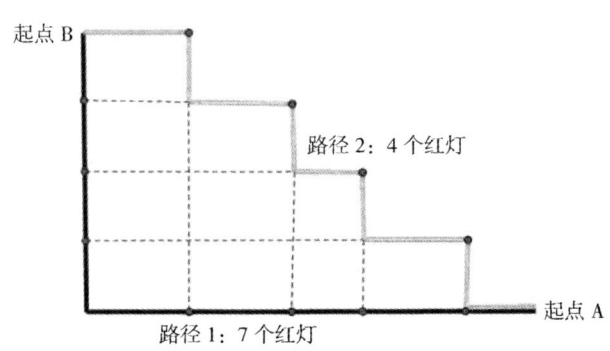

图 3-2　哪条路更省时？

更有意思的是，如果是外出旅行，坐着旅行车从起点 A 到终点 B，你会选择哪条路径呢？我的看法是，最佳路线仍然是路经 2，因为"曲径通幽"，在这条路径上可以看到更丰富更稀罕的美景。

以上是关于"曲径更美"的论证。细想，人生之路何尝不是这样呢？曲折的人生路上同样有不需理会红灯的"右拐弯"，沿途同样有许多稀罕的美景。

3.18 怀念"日行一善"

黄国辉　2014-5-15

最近，我在关注《深圳特区报》"日行一善"小贴士。入职比较早的同事都知道，类似的工作我们在七年前就做过。

2007 年，我提议的"日行一善"活动得到时任校长的首肯，于当年 5 月下旬启动，面向全体在校学生。活动持续了三年，效果非常明显，正如《深圳商报》的评价：日行一善让深圳信息职业技术学院温情满校园。

这个活动的核心内容是倡导"仁、义、礼、智、信"，经典内容是三大品牌活动："校园绅士"评选；"好习惯促销"；"日行一善"故事征集。对学生的基本要求是"微笑、问好、让路"。

其中"好习惯促销"影响最大，具体做法是：先由各班收集每个学生推荐的好习惯，并通过主题班会、座谈会等形式让大家共享；再从各班推荐的好习惯中精选出 113 条好习惯，通过校园网投票评出 10 个全校师生认同度最高的好习惯；最后将这 10 个好习惯做必要修改，用海报或书签等形式广泛"促销"（图 3-3）。

评选出来的 10 个好习惯是：1. 今日事今日毕；2. 责任

图 3-3 用书签"促销"好习惯

心；3. 每天都给父母一句问候；4. 诚信；5. 每天运动一小时；6. 良好的时间观念；7. 微笑；8. 遇到老师问声好；9. 最后走的人关掉未关电脑；10. 在公交车上给需要的人让座。

全校"促销"的 10 个好习惯是：

1. 不在公寓吸烟——防火；

2. 23 点之前睡眠——健康；

3. 早锻炼晚自习——上进；

4. 靠右行不占道——安全；

5. 随手关水关电——节能；

6. 见面微笑问好——礼貌；

7. 今日事今日毕——高效；

8. 随手带走垃圾——环保；

9. 不迟到不早退——守时；

10. 朋友多兴趣广——快乐。

"日行一善"意义何在？简述如下：让习惯符合规范，让规范成为习惯；每天都有善言善行，善念善心注入灵魂。

附："日行一善"5月份主题"敬业"（摘自明善公益网）

据2014年1月20日报道，深圳市文明办在全市启动"日行一善"文明实践活动，希望全体市民加入"日行一善"的队伍，以点滴积累的善行共筑美好鹏城。以下摘录的是5月份的全部内容：

表3-1 "日行一善"5月份主题"敬业"

日期	内容	日期	内容
1	准确领会工作要求	17	在离职之前把责任尽完
2	了解掌握行业发展态势	18	学会做工作计划
3	在工作中体现创意	19	做一个工作流程
4	按时保质保量完成工作	20	制作工作提醒单
5	告诉领导：我能行	21	计划下达，快速行动
6	告诉同事：你可以	22	及时总结和反馈
7	任何时候不找借口推诿	23	重大事项做好B方案
8	当日事，当日毕	24	重要资料做好备份
9	凡答应，必做到；事有果，必报告	25	读一本有关职业修养的书
10	比上司的要求多做一点点	26	案头摆放一句职业格言
11	不无端把工作推给同事	27	模仿一天职业偶像
12	不在工作时间闲聊	28	利用职业特长做一件公益的事情
13	不在工作时间接打私人电话	29	穿一件得体的职业装

(续表)

日期	内容	日期	内容
14	不迟到,不早退	30	让家人了解自己的职业
15	召开会议不超时	31	
16	在办公桌上放置去向标识		

3.19 一切"如果"都是马后炮

黄国辉　2014-5-6

今天下班后,感觉不像往常那般轻松,脑袋里还在思考工作中的一些核心问题及其解决方案。无意中在电脑里查到一个案例,对此有些感触。

人无远虑,必有近忧。可是,总有一些官员平时不下基层,基层出事后却能理直气壮地问出许多个"为什么"或者"如果"。请看这样一个案例:2006年11月,某地发生学生踩踏事故,6名学生死亡。事故发生后,某市人民政府提出对这一事故进行问责,该市代市长提出了九个"如果":如果把学生安排在一楼上课;如果班额小一点,不是106人,而只是一半;如果老师跟班自习的制度坚持得好一点;如果老师当晚在下自习前10分钟到教室去;如果学生和教师的安全意识强一点;如果教学楼有两个通道;如果校长当时在学校;如果值班的校长责任心强一点;如果县里分管教育的领导和学校领导责任心更强一点。

就上述案例而言，市长应该反思：如果把学校建得大一点；如果把教学楼建得矮一点；如果"批条子"少一点；如果把教师待遇提高一点……可是，现实是残酷的，一切"如果"都是马后炮；没有"如果"，只有"后果"。

反思当下我们的学生工作，我觉得首先应该做好排查工作，对12种（类）需要关注学生登记造册，并给予关注。不可否认，有时表格、数据会让人觉得麻烦，可是许多突发事件正是嫌麻烦惹出来的，嫌麻烦往往惹出更大的麻烦。

附：昨天上午有位学生在课堂上脸色发紫、突然晕倒，老师及时叫来120急救车，安排同学送他到医院救治，得知是急性胃痉挛，病情已得到有效控制。可见，体弱多病的学生也应该归属需要关注学生之列。

3.20 我的"绝活"[1]

黄国辉　2010-4-29

如果说这次辅导员论坛是一个武林大会的话，今天到会的两位领导就是武林泰斗。（全场掌声）

---

[1] 2014年4月，深圳信息职业技术学院学生处带领辅导员到汕尾职业技术学院交流。该校正举办第18期辅导员论坛，论坛主题是《我的"绝活"》。时任学生处副处长黄国辉在论坛上做总结点评，这是点评的完整内容（根据实况录音整理）。

我先谈谈对这期辅导员论坛最深刻的两点感悟。第一点比较深刻的感悟是，要当好一名辅导员，原来我们以为按照教育部或省教育厅文件里面那些要求就行了，现在看来不够，除此以外，至少还要懂三个方面的学问——

第一个是要懂兵法。要学孙子兵法，还要懂三十六计。

第二个是要懂中医。（现场大笑）刚才两位领导在那里谈中医里面的一些秘籍，治未病。（笑）

第三个是要懂和面。这个和面，我们都和过，但是要和得好真不容易。

如果有这三门学问，我们的辅导员工作可以做得更好。

第二点比较深刻的感受呢，就是：不管是"毒招"还是狠招，能教育好学生的就是高招、绝招。

下面我就对今天辅导员论坛的发言，作一个总结点评。

我们大家一定还非常清楚地记得上一期论坛，我们在学院讨论了一个很重要的话题，叫做"改变是一辈子的学问"。在上一次论坛上，我们很多辅导员都说到，要改变我们的学生，高职大学生有很多需要我们改变的地方，特别是道德意识、学习态度、行为习惯需要改变。但是我们也同时想到了，要改变一个学生其实是非常非常的难，尤其是当他有阻抗心理的时候，他不想改变的时候，要改变他，是难上加难，这个时候我们就需要有绝招。所以我们今天就来到汕尾职院这个宝地，来研讨《我的"绝招"》。

这次论坛的收获体现在多个方面，我想重点谈三个方面的收获。

第一个收获,是树立了"绝活"的意识。为什么陈正学同志①在开场白里讲到,辅导员论坛本身就是个"绝活"?因为这个论坛,大家都深有感触,每次论坛都逼着要我们思考,逼着要我们去研究工作,逼着要我们不断地进步,这就是它之所以是"绝活"的一个非常重要的原因。比如对于今天这个论坛,我们拿到这个题目以后,每个辅导员都在思考:我有没有绝活?我有什么样的绝活?讲一点论坛背后的故事,这次有不少系,不少辅导员,凑在一起讨论"我有什么绝活",你说我有什么绝活,我说你有什么绝活,结果发现,想一想好像有很多绝活,但是要写的时候又好像没什么绝活,最后有人调侃说"没有绝活,就是我最大的绝活"。(笑)这个说明什么呢?说明我们确确实实做了很多工作,就是说我们在思考这个东西,其实也有绝活,就是总结出来有点难。

我们这一次在征集稿件的时候,学生处非常高兴地收到了来自我们全体辅导员的48篇发言稿件,这充分地说明大家对自己的工作做了一个深刻的反思,已经初步建立了这种"绝活"的意识,有了这种绝活意识,我们今后在接受任务的时候,在完成工作的时候就不是去考虑用什么样的一般方法去解决眼前的问题,而是会去思考用什么样的绝招,用什么样的绝活,从根本上解决问题,而且是高效地、轻松地去解决问题。

第二个收获,是展示了绝活的魅力。刚才18位高手的绝活是精彩纷呈,如果说把别人的money装进自己的口袋里很

---

① 陈正学,时任深圳信息职业技术学院学生处处长,现任继续教育学院院长。

难，那么可以说把自己的思想装进别人的脑袋一定是更难。但我觉得还有比这更难的，这就是要说出自己的"绝活"，尤其是要说出做思想政治工作的"绝活"。但是我们的辅导员做到了，刚才发言的十几位辅导员毫不吝惜地亮出了自己压箱底的"绝活"，让我们大家领略了应该如何把自己的思想装进别人的脑袋。

为了树立辅导员的权威，李小明的绝活是先发制人，一开始就把别人震慑住，在他的发言里面我注意到一个细节，他替学生写检讨，只让学生写自己的姓名，他写了几百个字，学生只写了三个字。平时我们不能这样做，哪有老师替学生写检讨的，是吧，但是他竟然用这个方法把学生给制住了，这就是我前面说的"不管是'毒招'还是狠招，反正能教育好学生就是好招"。而谢红梅选择从细节入手，在最短的时间做到学生的名字脱口而出，让学生感受到老师的关怀，拉近与学生的距离。为了转变问题学生，钟文苑采取"借蓬使风"的方式，"曲线救国"；苏曼虹则选择"以毒攻毒"的策略，直取要害。为了做通学生的工作，尤其是做通学生的心理工作，任亚洲则选择耐心的倾听，让学生消除抵触情绪；而郑唯在做心理工作的时候是适时地选择拒绝，让学生体验责任和自省。这些看似是矛盾实际上是和谐统一的做法，一方面说明学生工作面临复杂多变的各种问题，绝不能以单一的和守旧的方法来教育所有的学生。另一方面，我们也可以借鉴吴金蕊的"和面"的理论来解释，在做学生工作的时候，既要讲究方式方法又要掌握工作力度。方法不适或者用力不当都有可能让我们的育人效果适得其反甚至对学生造成伤害。我也特别欣赏我们汕尾职院的黄老师的做法,他的"绝活"就是攻心,具体来说,就是用真情唤起真情,这也是高招啊。

第三个收获,是引发了大家对绝活的反思。在刚才辅导员发言时,我们不断地听到掌声,听到笑声,充分地说明他们的发言是非常精彩的。而且在掌声、笑声的背后,我们的辅导员一边在听一边在思考。绝活不是一般的工作手段,也不是我们常挂在嘴边的方法和艺术,而是我们最拿手的本领或者技能。一般情况下,我们不需要动用"绝活",但面对特殊问题,面对疑难杂症,特别是面对冼书记①提出的学习有压力、经济有困难、心理有困惑、行为有过失、身体有残障的"五种学生",我们就不得不动用"绝活"。绝活,首先在于"绝",具有一定的高度,有难以替代的优势和特色;其次在于"活",即有持久的生命力,可以传承和延续下去,不能是昙花一现。从这个意义上来讲,今天的有些绝活还不是真正的"绝活",还需要进一步的实践和提炼。但我相信,有了"绝活"的意识,有了现在的基础,在不久的将来,会产生更多、更绝、更活的"绝活"。有了这些"绝活",我们将更好地履行育人的职责,更有效地实现用激情点燃激情、用真情唤起真情、用生命影响生命的理念。

最后代表学生处说一个想法,因为今天的发言太精彩了,我们将把各位的发言内容整理汇编成一篇万言书,这个万言书的题目就叫"辅导员的绝活"。谢谢大家!(掌声)

---

① 冼吉昌,时任深圳信息职业技术学院党委副书记、纪委书记,现已退休,担任学校关工委主任。

成 长

3.21 什么是"行动力"

黄国辉 2019-5-9

本周一上午,我召集"标杆组"开会,会上即兴让大家回答对"行动力"的理解,并布置第三期辅导员论坛有关事宜。

标杆组成员都是辅导员,他们在事先没有任何准备的情况下,对"行动力"便有了一个比较清晰的认识——

李勇认为,一要做好顶层设计(领导力),二要有较强的执行力。

陈亚敏认为,核心要素是注重工作的实效性,要考量用多长时间、完成多少任务、取得多大的业绩。

王永伟认为,"行动力"的关键点不在"行动",而在于"力",其含义是"全力以赴"。(这个解读视角不同)

张雅静认为,"行动力"的难点是创造性、创新能力,个体很难做到,但可以通过团队实现。没有最好的个人,但可以有最好的团队。

陆模兴认为,"行动力"和效率有关,和"拖延症"有关,要解决好时间管理问题,例如挑战性强的工作什么时候做,重复性工作什么时候做。

王艳伟认为，一要战胜拖延，二要持续发力。

在我看来，行动力还和量变质变原理有关。昨天我给"标杆组"开会时，谈到这样一个认知：所谓行动力，是一个人或一个团队行动的能力。这是怎样一种能力呢？我认为，行动力可以理解为从思考到行动这一过程的敏捷度，是一个"从0到1"的过程。

有人说，从1到n并不难，难的是从0到1的突破。这个说法，正好印证了行动力的决定性作用。从0到1，是从思考到行动，是从量变到质变的过程，需要强大的行动力；从1到n，只是量变的过程，是从微小的行动到更大的行动，需要的可能只是行动的惯性。

3.22 关于"行动力"的初步思考

黄国辉　2019-5-1

4月25日在北京，刘锦书记和我谈起"行动力"，她强调这不是一个概念，而是一种工作理念。

"行动力"从哪里来？

昨天我看见一个卸桶装水的场景：一桶一桶的桶装水从小货车上沿一条斜靠在车上的轨道滑下，直到滑落到地面停止。这情景类似于小朋友滑滑梯，其物理学原理是势能转化为动能。"行动力"也与此同理：先提升"思考力"（势能），然后开始行动，把"思考力"转化为"行动力"（动能）。

我的观点是，不能孤立地谈"行动力"，没有"思考力"

做基础，所谓"行动力"或者是盲目的，或者是低效的。

关于"行动力"的来源，我认为：第一，"行动力"从思考起步。没有思考的行动，不如不行动。因为如果不慎背道而驰，那么行动力越强，我们离目的地便会越来越远。第二，"行动力"从行动中来。没有行动，哪来的行动力？第三，"行动力"从坚持中来。行动的过程中，难免会遇到各种挫折，如果你遇到挫折便放弃，那么行动便没有结果，也就是说你的行动力归零了。综上所述，我们得到一个重要的公式：行动力=思考+行动+坚持。

对于大学生而言，第一课堂主要培养"思考力"，第二课堂主要培养"行动力"。一个人的"行动力"可区分为如下三个层级：

一级行动力：按照别人设定的路径被动地采取行动，这就是执行力。

二级行动力：经过自己的深思熟虑主动地采取行动，即一般行动力。

三级行动力：经过创新思考之后采取的行动，即创造力，这是最高层级。

如何增强"行动力"？

方法一：通过反复多次行动，增强"行动力"。这是最简单的方法，虽然有些笨，但笨鸟先飞也是一种"行动力"。

方法二：构建公平竞争机制，激发"行动力"。各种评价机制，就是这一方法的具体措施。我们实施多年的"素质银行"，正是这方面的典型案例。

方法三：架设不可逆的轨道，逼出"行动力"。例如我写工作日志，我先给这类日志取了一个漂亮的名字，然后按顺序累计编号，于是便有了自我激励和自发行动，5年时间便写了360多篇"思想火花"。

讲"行动力"，最大的忌讳便是纸上谈兵。道理讲得再好，如果这个道理没有付诸行动，没用；或者这个道理在理论上似乎是正确的，但在实践中发现是错误的，那么不但没用，还起反作用。

"行动力"就像数学归纳法，既要做到"第1天开始行动"，更要做到"如果第k天行动了，那么第k+1天必须行动"。这就是说，行动力必须成为一环扣一环的链条，必须成为日复一日的习惯，而不是仅仅靠意志的力量。正是基于这样的观点，我们成立了航空母舰式社团"好习惯俱乐部"，用长年累月养成的"好习惯"，去提升学生的"行动力"。

"活动思政"需要怎样的"行动力"？

"活动思政"是新生事物，没有现成的经验可借鉴，需要开拓性的探索和实践，所以对"行动力"有更高的要求。

具体而言，需要如下三个层面的努力：

第一，主动行动。先行先试，意味着披荆斩棘、孤独前行，唯有主动行动才能有所发现、有所作为。开展活动思政，不能只是发通知、写总结，需要树立品牌意识，树"牌子"、立"柱子"。要通过一些有创意的载体，让"活动思政"从宏观到微观，从量变到质变。

第二，马上行动。值得注意的是，从"想动"到"行动"有一个艰难的纠结过程，很多好的想法之所以没有实现，就是因为纠结的时间太长，纠结来纠结去，最后不做了。"活动思政"是一件难度非常大的工作，所以特别需要敏锐的决断、果断的行动，善于行动，不怕失败，才能做成大事。

第三，形成习惯。从本质上讲，教育就是培养习惯，习惯改变命运。开展"活动思政"不能心血来潮，应该有目标、有计划地进行，要探索其规律、方法、原则，要做到：让习惯符合规范，让规范成为习惯。

3.23 奋斗，不是青春的专利

黄国辉　2019-5-4

在今天这个特殊的日子，我想谈谈自己曾经的奋斗以及未来的奋斗。

学生时代最自豪的一件事，是12岁初中毕业那年，参加全县初中数学竞赛，荣获第一名。成绩不大，却影响了我的一生。这件事促成我进入县一中。

当了12年中学教师，有两件事特别自豪，一件是26岁那年，论文入选第三次全国"思维与数学教学"专题学术研讨会，并在会上宣读自己的研究成果，这件事促成我调入深圳工作；另一件是29岁那年，我辅导学生参加全国初中数学联赛，获得广东赛区深圳仅有的2个一等奖，其中一名学生以满分的成绩名列榜首，之前还荣获"南粤教坛新秀"称号，之后调入深圳市教育局工作。

在深圳市教育局工作期间，最自豪的是有幸深层次地接触到党群工作，尤其是共青团工作。我当了4年深圳市教育局团委负责人，结识了许多有理想、有思想、有抱负的热血青年，做了一些实实在在的事情，在党建、群团、学生活动等方面打下了扎实基础。这些年党团工作积淀，对我后来的工作影响巨大。

36岁之后，我"转业"到高校工作，一直默默无闻。直到2018年12月，我所在的软件学院党总支获得了"全国党建工作标杆院系"立项，是全国1400多所高职院校中首批获此立项的唯一高职院系党组织，成为我整个职业生涯所获得的最高成就。和以往"奋斗"不同的是，这个"标杆"是集体荣誉，更是集体奋斗的结果。功成不必在我，奋斗必定有我。

我的下一个奋斗目标同样高远，而且富有激情：我要用自创的"快乐数学减肥法"，帮助我国四亿大小胖子减肥。甚至把这个科学的减肥理念推向全世界，造福更多的中外胖子。这个目标有可能需要我再奋斗十年、二十年……

生命不息，奋斗不止。奋斗，不是青春的专利。

3.24 向"学习强国"学习

黄国辉　2019-2-15

中宣部办的"学习强国"学习平台非常强大，它就像一条高速公路，你的车一旦开进去了，便再也停不下来，也不能低速行驶。究其原因，一是这个平台里的学习内容极为丰富，包括政治、经济、科技、教育、文化、历史、军事等多个方面，几乎涵盖了所有领域，每个人都可以在其中找到自己感兴趣的文字材料或视频；二是其积分办法比较科学，既有一触即得的分数（登录、阅读文章、观看视频、订阅、收藏、分享），又有耗时才得的分数（文章、视频学习时长），还有劳心才得的分数（智能答题、每周一答、专题考试、发表观点）。

那么，我们应该向"学习强国"学习什么？

第一，学习他们的内容设计。如果内容单调、稀少、缺乏吸引力，那么再好的积分系统也失去意义。"学习强国"里的学习内容不但涵盖面广，吸引力强，而且绝对纯正、科学，没有任何广告、垃圾信息的干扰。

第二，学习他们的积分系统。所有的学习都能马上看到积分，不忙的时候花一小时可拿满分，忙的时候可以不在乎分数只看新闻。

第三，学习他们的工作理念。"学习强国"本身就是一个崭新的先进的理念。第一次看到这个提法时，我有些疑惑：学习也能强国吗？经过一段时间学习后，我不惑了：学习不只是知识、信息的吸收和见识的增长，重要的是理念的更新，更重要的是思想的统一。如果全党、全国人民通过"学习强国"的学习，不但增长了知识、见识，还增强了向心力、凝聚力，那么这种"思想的力量"一定会付诸行动，化为滚滚洪流，实现强国之梦。

结合实际，我们正在建设的"党员素质肖像"和"职业素质银行"两大项目的数据平台，正需要向强大的"学习强国"学习，不但学习相关的技术手段，更要学习其深邃的工作理念。需要反思的是，学习是群体、个体成长的内在需要，被学习、假学习、空洞的学习是没有意义的。学习，一定要见实效。

3.25　学会"偷懒"

黄国辉　2018-6-14

有一种说法可能会触犯众怒：懒人才能学好数学。为什么呢？因为懒人有两大特点，一是有选择地做事，做事之前他会本能地思考"我可不可以不做这事"，非做不可他才去做；二是用最省力的方法做事，他会考虑从甲地到乙地有几条路，哪条路最近，然后毫不犹豫地走最近的路，而不是什么"条条大路通罗马"。这种一切从简、走捷径的思维正符合数学学习的需要。

辅导员的工作千头万绪，加上有些工作边界模糊，如果不会"偷懒"，那么其结果只有三种：其一，捡到了芝麻，丢掉了西瓜；其二，过早地产生职业倦怠；其三，长期加班加点把人累趴下。

怎样解决高校辅导员负荷过重的问题呢？我和辅导员们一起研究，找到了减负的三条路径——

路径一：转移。做法是全面反思"辅导员工作100条"，看看其中有多少条可以转移给其他部门，或转移给学生干部去完成。

路径二：答疑。编印一本《学生事务100问》，避免大量的学生拿同样的问题反反复复地折磨我们的辅导员。（李勇

提议)

路径三：满意即可。对于必须亲力亲为的事情也要用 kpi 思维，只对 20% 的要事追求完美，其他事情做到满意即可。(张雅静的启示)

这里所说的"偷懒"，意思是有所为有所不为，把自己从事务堆里解放出来，把精力集中在大事、要事、难事上。但不能走极端，把"偷懒"理解为不作为或者遇事推诿。

3.26 不要"一根筋"

黄国辉　2017-12-26

什么样的人最难相处？在我看来，"一根筋"的人最难相处，这类人为人处事特别"执着"，不懂得变通，喜欢一条道走到黑。

为什么会"一根筋"呢？其原因从数学角度可以解释得很透彻。如图3-4，从 A 到 B，你会选择最远路径吗？肯定不会，连图中两条折线路径你也不会选。即便你不懂"两点之间线段最短"，你也会毫不犹豫地走直线——这是人的本能。尽管从 A 到 B 的路很多条，但最短的路只有一条，所以本能驱使你走最短路径，这就叫思维定式。

人们习惯于按套路思考，按套路行动。所以无论遇到什么情况，人们会本能地选择最短路径，而且认为没有比这更好的办法，这不就是所谓"一根筋"吗？我在 QQ 空间里看到一位好友日记，说的也是这事，转述如下：

今天下班回来，发现两部电梯同时坏了。我只好爬楼梯……走走停停来到了 12 层，冒汗不说，小腿已经开始抖了。这时候遇到了个热心肠的邻居，她问："电梯坏了，你走上来的?""嗯!""你住几楼?""17""你怎么不从 1 单元坐电梯到 18 楼，再从天台的消防通道走过来到咱们单元呢?"唉，我这个脑子啊！继续往上"爬"吧……

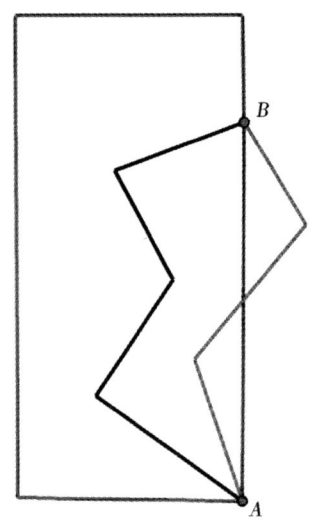

图 3-4　图解"一根筋"

你看，电梯坏了，从 1 单元坐电梯到 18 楼，再从天台通道走到第 2 单元的 18 楼，再走楼梯到自家 17 楼，这不就是上图中最远的"傻瓜路径"吗?可它在特定情况下却是最佳路线。

正好有位同事参加职员考试，他可以自由选择 A、B 两个系列，但他前 5 次本能地选择 A 系列，结果每次都差那么一点点。受上述理念启发，第六次他改 B 系列报名，成功了，欣喜若狂。

3.27 留有余地的智慧

黄国辉　2016-10-10

9月下旬，新生开学典礼之前的一次会议上，张武副校长[①]提了一个颇有新意的要求：做事要留一点空间，给后面的人带来方便。这种留有余地、方便后人的做法是一种高素质、大智慧，而这种大智慧往往要从小处着手。

忘记了张校长当时举了什么例子，但前天的奖学金评审会上，他表扬了机电学院的学生，说他在演讲结束后，顺手把PPT退出，方便了下一个演讲答辩的同学。这件事看上去很小，似乎不足挂齿，可在许多场合并不多见。不但学生演讲时是这样，其他群体中只顾自己不管别人的情况也时有发生……

举一个垃圾处理的例子。每天去食堂吃饭，大部分情况下桌面是干干净净的，说明我们的教师素养好；但偶尔也会碰到，桌面上留有骨头、辣椒、纸巾、牙签等垃圾。为什么不把不吃的东西留在盘子里呢？离开餐桌时为什么不把纸巾、牙签之类的东西清走呢？

再看进出大门的行为。你看见过有人出门后，还特地扶着门让后面的人出去吗？有是有，恐怕凤毛麟角吧。经常看见有人推开小区大门出去后，顺手一松，扬长而去，管他后面有没有人跟着……

[①] 张武，时任深圳信息职业技术学院党委委员、副校长，现任党委副书记、纪委书记。

为什么说留有余地、方便后人是一种大智慧呢？我想，更深层的含义是：说话、办事要留有余地，要顾及团队中其他成员的感受。开会的时候，确实要"知无不言、言无不尽"，但也要考虑到后面发言的人，不要让别人"无话可说"；做事的时候，确实要尽心尽力、追求卓越，但也需要留一点空间，让后面接手的人也能施展拳脚。嫉贤妒能不可取，被嫉妒的人有时也需要反思。

〔后记〕从更高的意义上讲，就是要有"功成不必在我"的精神境界和"功成必定有我"的历史担当。

3.28 面试的"万能钥匙"

黄国辉　2015-6-20

最近，某高校考核辅导员，出了一道"万能试题"（可以用以任何行业任何职业任何专业的面试）：请你用3个词描述一下自己。当然，这3个词应该反映你的特质，而且要结合岗位工作实际。

这道题在网上有许多不同风格的答案，或平淡，或调侃，都缺乏新意。平淡者如：激情，执着，踏实；奉献，敬业，坚持；爱心，细心，耐心；等等。调侃者如：吃饭，睡觉，上网玩游戏；蛋、白、质（笨蛋、白痴、神经质）；吃货，吃货，还是吃货……

说出3个词很容易，但要获得考官的认可并给你打高分不容易，除非以下两种情况：3个词很平淡，但你的描述（解读）很精彩；3个词很新奇，你的解读更让人怦然心动。

我问过身边的一些人，有人不假思索便给出这样3个词：排版，彪悍，缺心眼。这个答案有点怪怪的，但其解读很新鲜："排版是我每天的工作内容，我就像个美容师，把别人交来的文稿进行规整、美化；彪悍是我的性格，我能坦然地面对各种困难；'缺心眼'反映了我的人品和工作态度，人家让我干什么我就干什么，不讨价还价，不斤斤计较。"多好的答案啊！3个词，看似平淡，却从3个不同侧面（维度）立体地刻画了这个人的个性特质。

有些人的回答虽然说了3个词，但3个词的词义相近，或者都局限在同一个狭窄的范围内。形象地说，你说的3个词是一维的（在一条线上）或者是二维的（在一个面上），当然不如三维的好。

三维的答案（万能钥匙）是：第一个词刻画你做事的方法，强调长度，有始有终；第二个词刻画你做人的原则，强调宽度，注重团队协作；第三个词刻画你的思想境界或创新意识，强调高度，追求境界的提升和思维的创造性。

前述"排版、彪悍、缺心眼"3个词正好符合上述"万能模型"：排版——做事——长度；彪悍——性格——高度；缺心眼——人品——宽度。

对于辅导员来说，有一个很美的答案：尽力——工作卖力——成为合格辅导员；尽兴——享受工作中的乐趣——成为优秀辅导员；尽心——创新工作方法——成为专家型辅导员。

3.29　动词更给力

黄国辉　2015-12-3

最近某高校招聘辅导员，也出了这样一道"万能试题"：请你结合应聘岗位，用3个词描述自己的特质。

结果，六成应聘者用了"责任"这个词，可见毕业生普遍认同责任的重要性，这是好事。我也认为负责任或有责任心是干好任何工作的前提，而且提出过"让责任成为一种习惯"。可是，责任老套一点也就罢了，另外两个词是同样老套的"爱心""细心""耐心""亲和"……我就有些纳闷：不能用新鲜一点的词吗？这些算得上是"特质"吗？

我想不通，我们培养的硕士甚至博士，咋就如此词语贫乏、思维狭窄呢？除了会用名词或形容词，难道不会用动词吗？在行家眼里，名词软绵绵，形容词太浪漫，动词才给力！

我进一步想，要是把面试题改为：用三个动词描述自己的特质。我估计许多应聘者都要崩溃，用一个动词或许还行，3个动词，咋办？

如果让我"用3个词描述自己的特质"，我可能会用3种不同词性、不同境界的词来描述：第一个是名词"卓越"，这是我的工作目标；第二个是动词"追求"，这是我的实际行动；第三个是副词"不懈"，这是我的精神状态。3个词连接起来就是：不懈追求卓越。

3.30 一个诠释"人性"的逻辑故事

黄国辉 2015-7-9

从前有对夫妻，他们遇到了死神。死神说："你们两个只能活一个，你们猜拳吧，输的就得死。"最后，丈夫输了……

妻子抱着死去的丈夫说："说好一起出石头的，为什么我出了剪刀，你却出了布。"（摘自微信）

故事的后面附了一句话：算计别人最后也就算计了自己；当有些人傻乎乎地想输时，其实他已经赢了！所以，一直善良下去……你就赢了！

我想运用逻辑思维，发挥自己的想象力，将这个故事改编成多个版本——

〔版本一〕

从前有对夫妻，他们遇到了死神。死神说："你们两个只能活一个，你们猜拳吧，输的就得死。"事先，两人商量好，一起出"石头"。

结果，夫妻俩都出"剪刀"。

再猜一次，都出"布"。

第三次，都出"石头"……

死神被这对夫妻的恩爱和无私感动，说："你们都不用死了。"

〔版本二〕

从前有对夫妻,他们遇到了死神。死神说:"你们两个只能活一个,你们猜拳吧,输的就得死。"事先,两人商量好,一起出"石头"。

结果,夫妻俩都出"布"。

再猜一次,都出"剪刀"。

第三次,都出"石头"……

死神大怒:"你们都去死吧。"

〔版本三〕

从前有对夫妻,他们遇到了死神。死神说:"你们两个只能活一个,你们猜拳吧,输的就得死。"事先,两人商量好,一起出"石头"。

丈夫想,她一定想让我死,会出"布",我才不上当呢。

妻子想,他肯定以为我出"布",我才没那么傻呢。

结果,丈夫出"剪刀",妻子出"石头",丈夫输了……

点评:两个恶人,都该下地狱……

〔版本四〕

从前有对夫妻,他们遇到了死神。死神说:"你们两个只能活一个,你们猜拳吧,输的就得死。"

最后,丈夫输了……

妻子抱着死去的丈夫说："说好一起出石头的,我以为你会出剪刀,所以我才出了布,谁知道你那么死心眼……"

点评:人心难测……

〔版本五〕

从前有对夫妻,他们遇到了死神。死神说:"你们两个只能活一个,你们猜拳吧,输的就得死。"事先,两人商量好,一起出"石头"。

妻子想,我老公老实,她肯定守约出"石头",孩子全靠他,不能让她死。

丈夫想,我老婆善良,她一定是出"剪刀",孩子不能没娘,不能让她死。

结果,丈夫出"布",妻子出"剪刀",丈夫输了……

点评:结局和原版一样,可是,你还认为丈夫自私吗?

〔后记〕

可以尝试在班会课上,让学生改编这个诠释"人性"的故事。

随 笔

3.31 教育，应该自然一点

黄国辉 2019-8-31

最近，我再次成为机关幼儿园龙城分园的家长。昨晚去幼儿园开家长会，听该园执行园长方英讲幼教理念，深有感触：幼儿教育、高等教育分别处于教育的根部、顶部，但在教育理念上没有距离。或者说，我们这些高校教育工作者不能夜郎自大，应该虚心向幼教界的同行学习，借鉴幼教的先进教育理念。

方园长的演讲，有三个方面，让我脑洞大开——

第一，温暖是最好的教育。

这次家长会的主题就叫"温暖·启程"，我一进会场就被这个主题吸引了。方园长把温暖解读为：温暖的环境，温暖的人（老师），温暖的家园关系。其中关于"温暖的老师"那段话，特别触动我的灵魂：

温暖的老师，会让孩子们觉得心安；

温暖的老师，会让孩子们喜欢听她的声音，喜欢和她做各种有趣的事；

温暖的老师，可以将孩子们的生活过成诗；

温暖的老师，是幼儿园最珍贵的财富。

这段话引起了我的共鸣。我们倡导"暖话教育",强调的就是温暖呀;我们在老师、学生中开展"日行一善",还是在强调温暖的重要。这两个活动,我们要长期坚持做下去,因为温暖才是最好的教育。

第二,教育,应该自然一点。

对这个观点的阐述,方园长举了多个例子,印象特别深刻的是萤火虫自然书房。这是她在外地参观学习时借鉴过来的,令人肃然起敬的是她们的做事风格:不但拍下了自然书房的环境布置,而且拍下了书房每一本书,回来后立即复制整个书房(图3-5),甚至让图书供应商配齐书单上的每一本书。

图3-5 深圳市龙岗区机关幼儿园龙城分园萤火虫自然书房

这个地方真的很美,不仅可以栖息、阅读,让孩子们在知识的天空飞翔,还能供孩子、家长拍照留念,留下深刻、美好的回忆。

高校也应该有类似这样的开放空间，供学生自然地感受教育，同时让来参观的领导、嘉宾对我们的校园文化有一个直观的了解。甚至，我们的"展览厅"也可以做成这个样子，自然、温馨、大气，成为一道校园风景。

第三，关系决定行为。

这是方园长在讲解"入园焦虑"时引用的一个观点。我们家老大入园一直没有焦虑，老二更不会，原因就在于：我们很重视孩子社会性、独立性的培养，同时因为爸爸、妈妈都在学校工作，俩孩子从小就对学校（幼儿园）有好感，对上学充满期待。尽管我不需要解决孩子"入园焦虑"问题，但"关系决定行为"这个观点对我触动很大：要教育好孩子，首先要处理好亲子关系；要解决好家庭矛盾，首先要处理好夫妻关系；要教育好学生，首先要处理好师生关系；要做好本职工作，首先要处理好人际关系。

3.32 我们缺什么

黄国辉　2019-8-3

学习是一个从输入到输出的过程。再好的学习只有输入没有输出，也是入宝山而空返。但输入容易输出难，而且相同的输入可以有千差万别的输出——同样的经历，无论是讲座、参观还是交流，不同人的感悟很可能不同。

这次赴遵义学习，内容很丰富，既有会议安排的讲座、参观，又有校领导亲自安排的与遵义职院的交流，收获特别丰厚。但我不想谈通过学习得到什么，而想深入反思通过学习发现自己（单位或部门）缺少什么？这样的反思，正好符合"守初心、担使命、找差距、抓落实"的要求。

先从冯刚老师的讲座谈起。冯刚是谁？两个多月前，刘锦书记就向我介绍过，他曾任教育部思政司司长，现为北京师范大学教授、博导，思政教育专家。从刘书记发的1页PPT内容中我惊喜地看到，冯刚老师特别提倡"做有思想的行动者、关注实际问题的研究者"。短短的十几个字，道出了党建与思想政治工作的"天机"：思想先行，知行合一，研究解决实际问题。

这次在遵义有幸听到冯刚老师讲"思政教育热点问题"，虽说还没有完全消化，但已脑洞大开——知道热点在哪里，难点在哪里；更重要的是，知道自己的缺点在哪里。冯刚强调，要特别做好两件事：一是把工作提炼成经验，二是把经验上升为理论。说得太好了！

可惜，这两件事我们都做得很不够。自"标杆院系"立项以来，我们的工作重点是考虑"怎么做"，可以说已经有了一些挺不错的做法；我们也有考虑如何总结提炼，但并没有实质上的进展。经验倒是有一点，但没有形成体系，理论则完全空白。

或许，我们应该转变工作思路——少关注"有什么"，多关注"缺什么"。

我们缺什么呢？

缺红色资源。我们连续两年举办"红色运动会"，学生很喜欢，但总觉得缺少什么——现场感。如果不做一些改进，不增加运动项目背景（红色故事）的渲染，很容易退化为趣味运动会。

缺一个展厅。在这方面，我们比遵义职院落后太多了，他们有一个1300平方米的展厅。作为二级学院，我们不敢有太大的奢望，只想有一个400平方米的展厅，以便向前来指导的领导、专家、来宾更直观地介绍标杆院系建设情况。可惜没有，我们只好在科技楼17楼的墙面上，喷绘了七块展板。①

缺总结提升。我们特别缺乏理论指导和理论研究，一方面，需要请全国的知名专家来我校传经送宝，到我院现场指导；另一方面，也需要走出去，向其他示范高校、标杆院系学习取经；我们还需要自力更生，结合工作实际加强对党建工作、思政工作的理论研究。我们的目标不能只是初步形成"一套经验"，应该有更高的追求——建立具有鲜明个性的"一套理论"。

3.33 走好"最后100米"

黄国辉　2019-7-12

今天是本学期最后一个工作日，因为晚上要走访学生宿舍，下班后我继续留在办公室，做了很多事。想起还有一篇工

---

① 两个多月后，我们如愿以偿，有了一个面积约500平方米的展厅，前来参观的全国各地兄弟院校的同行对此赞不绝口。

作日志需要完成，赶紧敲键盘。

上午开辅导员例会和标杆组工作会，讲到多个问题，要点如下——

1. 标杆建设要做好三个"一点"：做早一点；做多一点；做好一点。

2. 提升学生"口才"有两个基本点：第一，大胆说。多说，大胆说，是提升口才的根本途径。第二，脱稿说。从一开始就要养成脱稿说的习惯，先写好稿子再照稿念（或背稿）的做法不可取，越是不会说越要脱稿说。

3. 要走好"最后100米"。"最后一公里"的前900米也许还有许多途径可选择，但最后100米必须脚踏实地，一步一个脚印，没有捷径。所有的问题、麻烦，都出在最后100米没做细、没落实。

3.34 方法比结果更重要

黄国辉　2019-5-13

有人问："朋友的小男孩今年6岁4个月，会数数到50，据说学不会10以内加减法，我估计是方法不对。你有什么好方法吗？"

经了解，家长果然用了最糟糕的方法：为了"速成"，家长直接告诉孩子几加几等于几，几减几等于几，然后让他背。这样教不但孩子学不会，而且会从此讨厌数学。与其这样教（错教），不如不教。

如果非得教，应该这样做——

1. **选对教具**。最好是用算筹（用牙签代替时要注意安全），或用同色棋子。不要用水果、糖果当算筹，否则孩子老想着吃"教具"，没法专心学习。

2. **分两步走**。第一步，先做 5 以内的加减法；第二步，再做 10 以内的加减法。可以先用算筹或棋子辅助教学，熟练后让孩子心算。

3. **莫勾手指**。许多家长习惯用"勾手指"的方法教孩子做加减法，在他们看来，手指和牙签一样，也可以当算筹；而且手指长在自己身上，用起来很方便。这样的认识是不对的！因为手指和牙签有区别：牙签很听话，说拿走 2 根就拿走 2 根；可手指不好掌控，你让孩子勾起 2 根手指，他可能勾起 3 根手指，或者勾起的某根手指不小心伸出去了。再说，数数要用手指指着数，用手指数牙签很方便，用手指数手指——哈哈，有时候很别扭，超过 5 要借别人的手。

我有位同事是中文教授，年龄和我相仿，他曾谈到小时候学加法的经历：数学老师问他 5+4 等于多少？他不会。老师提示他，5 根手指加 4 根手指，是几根手指？他答"8 根手指"。气得老师怒火中烧，甚至吓唬他，让班上一位同学拿刀来，要剁掉他的 1 根手指。吓得他从此恨死了数学，数学成绩再没有超过 9 分，而且高考数学成绩只得了 9 分。

无论是学前教育、基础教育，还是高等教育，都需要遵从教育规律；无论是学科教育，还是思想政治教育，都需要尊重学生的成长规律。

3.35 学会"造零件"

黄国辉 2019-2-16

12月28日的辅导员例会,我的讲话从一个习惯讲起:每年的最后一天写全年总结,第一天写新年计划,这习惯我坚持了10年。我的经验是,总结可以谨慎一点、谦虚一点、低调一点,计划可以狂放一点、大气一点、高调一点。

关于如何写好总结,我提出"造零件"的理念:不要按老习惯,到年底算"总帐"或写"回忆录",而是在平时做好积累,每一个项目或活动做完后,马上进行小结(可采取日志方式),即做成一个个"零件",年底把这些"零件"组装起来,便是很好的总结。而且,以后撰写各种材料,都只需选择若干个相关"零件"加以组装。这是一种写作方法(技巧),也是一种工作方法(理念)。

然后,我让他们逐个谈自己的新年计划,其中一位辅导员的计划(目标)比较新颖——"三个100":老公年收入达到100万;自己把体重减到100斤;儿子的智商、情商、体商都得100分。

3.36 我们都应该是"安徒生"

黄国辉 2018-10-10

下午给本科班学生开了个座谈会,会上反馈最多的是学习方面的问题,集中在《高等数学》的学习上。会上,我提醒他们不要死读书、读死书,要注重在实践中锻炼自己的才干。我还要求他们当好"安徒生"——

安:平安。要有安全意识,做到了万无一失,才能避免一失万无。

徒:学徒。按照现代学徒制要求,重视技能训练,培养工匠精神。

生:学生。做一名合格的、优秀的大学生,德智体美劳全面发展。

3.37 永远看不见射向自己的子弹

黄国辉　2018-3-20

前天晚上赴京学习,地点是国家教育行政学院。第一堂课主讲人是首都经济贸易大学党委书记冯培教授,他的演讲内容中最让我震撼的是关于"危机意识"的解读。有这样两句话:看不见风险,才是最大的风险;你永远看不见射向你的那颗子弹,在你看见的那一瞬间,你已经没命了。

他举了一个例子,泰坦尼克号为什么沉没?是因为撞上了冰山。那么,为什么没有早一点发现冰山呢?据说,原因是船长对二副不满意,临时换人。被撤职的二副离船时带走了一把钥匙(图3-6),结果能够很远就看见冰山的高倍望远镜一直被锁着,没有起到预警的作用。

这个桥段有点令人难以置信,但从中可以吸取有益的启

图 3-6　一把钥匙引发的海难

示：第一，不能临时换将，哪怕"二副"这样的角色也要慎重；第二，即便非换不可，必须让他做好工作交接，尤其是象征着武器的钥匙必须移交，否则不得让他离船。

回去后，我要经常对辅导员强调：看不见风险，才是最大的风险；不要当"消防员"，要当"侦查员"。

3.38　也谈"课桌变形"

黄国辉　2016-2-28

寒假期间，清华大学更新了课桌，该校在传统的长方形课桌（长 60 厘米，宽 40 厘米）的侧面加了一块可折叠的正三角形木板。这种新课桌的神奇之处在于：可以把六张这样的新课桌围成一个多边形的"圆桌"，供 6-12 人讨论用。这是一个颇有创意的设计（图 3-7），为课室的使用提供了多功能。

图 3-7　清华大学的新课桌

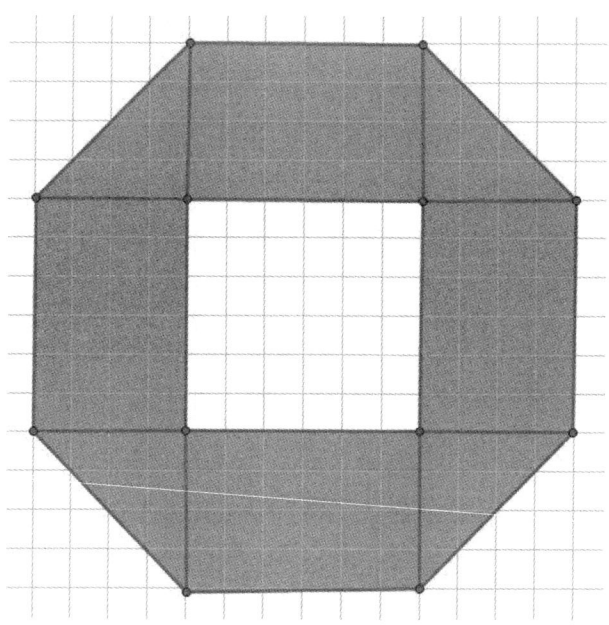

图 3-8　八边形课桌

不过，仔细一看，我们不难发现其不足之处：6 张新课桌围成一个十二边形，如果坐满 12 人，那么其中只有 6 人坐得舒服，另外 6 人坐得不舒服，这两拨人享用的位置宽度相差了 20 厘米，这是一种人为的"不公平待遇"。

我们可以有更好的设计。如图 3-8，在长 60 厘米宽 40 厘米课桌的侧面加一块可折叠的等腰直角三角形木板，其直角边长为 40 厘米，斜边的长度为 40 厘米的根号 2 倍，约为 56.56 厘米，和 60 厘米只相差 3.44 厘米。4 张这样的新课桌围成一个八边形，近似于正八边形，可以让 8 个人都坐得舒舒服服，八仙过海、各显神通地恳谈，这样的新型"八仙桌"多好啊！

3.39 机会并不均等

黄国辉　2015-11-28

这里我想用一个实例说明，为什么理论上的小概率事件，在现实生活中偏偏经常发生？原因只有一个：机会并不均等！

最近几年我校军训分两批进行，第一批 5 个学院，第二批 4 个学院，结束后从中评出 3 个先进单位。评比采取无记名投票方式（互评），主办方希望 3 个先进不要出现在同一批。结果事与愿违，偏偏都出现在第一批。

事后有人问我，9 选 3 一共有多少种情况，选出的 3 个先进恰好在同一批的概率有多大？这个计算很简单：9 选 3 一共有 $(9\times 8\times 7)\div(3\times 2\times 1)=84$ 种不同情况，都出现第一批的概率是 $10/84\approx 12\%$，都出现第二批的概率是 $4/84\approx 5\%$；不出现在同一批的概率约为 1−12%−5%＝83%。结果，12%的事件发生了，83%的事件没有发生，是不是很意外？

还有人问我，为什么"偏偏都出现在第一批"，而不是出现在概率更小的第二批呢？我的推测是：因为第一批投票的人比第二批多一个。也就是说，人为的"游戏规则"错误地造成了"机会不均等"。

我一直反对用投票方式评优评先。投票看上去很公平，实际上并不科学，尤其不适合用于评优评先。投票评优，是强化主观、淡化客观，考查的往往不是业绩，而是"印象""圈子"或"江湖地位"。

其实，无论何种评比，除投票外，还有主观打分、客观（量化）积分、客观积分加主观打分三种方式。显然，在以上四种方式中，投票最不科学，可为什么人们偏偏喜欢用这种方式呢？原因有二：第一，它简单易行，省心；第二，人们普遍认为它"公平"。

我担任二级学院书记近 10 年，从开始的那一年起，就主张用量化积分的方式评价学生的素质。"素质银行"正是在这种理念下应运而生的。

3.40 "田忌赛马"的反思

黄国辉　2015-5-1

我发现，许多脍炙人口的古代经典故事具有共同特点：重视教做人，忽视教做事，有时还误导人。例如，"龟兔赛跑"

故事，教育人们要学乌龟勤奋、坚持，不要像兔子那样骄傲自满。但从做事的角度看，这个故事不合逻辑，甚至也不符合现实：乌龟和兔子的实力相差太大了，通常情况下，乌龟怎么可能跑得过兔子呢？换言之，故事描写的是一种极端情况，而这种情况发生的概率很小。拿小概率事件来鼓励人"逆袭"，很容易让人忽视实力的重要性。

再来看"田忌赛马"。这是中国历史上有名的，揭示如何善用自己的长处去对付对手的短处，从而在竞技中获胜的事例。这个故事还被收入九年义务教育六年制小学教科书第十册（图3-9）。相信许多学生（甚至老师）第一次读这个故事时会很激

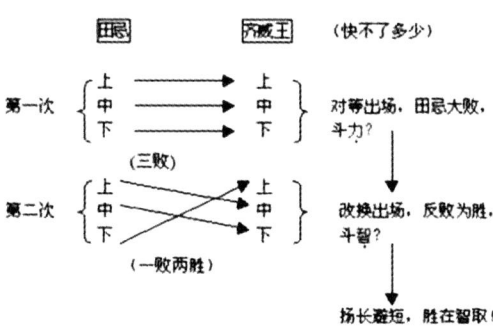

图3-9　田忌赛马故事

动，感叹：孙膑太聪明了，他略施"小计"，竟然可以让实力远不如齐威王的田忌在赛马中获胜。

显然，只有事先知道各轮比赛齐威王派出什么等级的马，田忌才可以用孙膑的策略获胜。如果参赛双方在赛前都不知道对方派出什么等级的马，那么田忌获胜的概率只有 1/6，而齐威王获胜的概率为 5/6。

由此可见，要想在各种比赛（商场竞争）中取胜，主要靠实力，而不是靠策略或运气。理性的思考是：你是乌龟时，你不能指望你的对手兔子在比赛时一定打瞌睡；你是田忌时，你不能指望对手像齐威王那般"愚蠢"，事先让你知道他的底细。

学习古代经典时，要与时俱进，不可盲从。

主要参考文献

[1] 黄国辉、陈正学主编：《90后大学生综合素质培养的探究与实践——高校校园文化建设与大学生思想政治教育的实效性研究》，广州：华南理工大学出版社2011年版。

[2] 陈正学、黄国辉主编：《辅导员论坛》，广州：华南理工大学出版社2011年版。

[3] 〔美〕艾伯特-拉斯洛·巴拉巴西：《链接》，沈华伟译，杭州：浙江人民出版社2013年版。

[4] 黄全愈：《素质教育在美国：留美博士眼里的中美教育》，广州：广东教育出版社，1999年。

[5] 关月玲编著：《科学学习方法》，西北农林科技大学出版社2013年版。

[6] 丛立新：《平等与主导：师生关系的两个视角》，载《教育学报》，2005年第1期。

[7] 〔美〕Russell T. Osguthorpe，〔美〕Lolly S. Osguthorpe：《选择学习——为成功而教》，张娜译，北京：中国轻工业出版社2009年版。

[8] 黄国辉：《映射观点下的思维相似论》，载《深圳信息职业技术学院学报》，2003年第1期。

[9] 黄国辉、程建伟：《90后大学生主题教育活动品牌打造与创新》，载《深圳信息职业技术学院学报》，2011年第30期。

[10] 张雅静、陆模兴、黄国辉：《"活动思政"：完善"大思政"教育体系的必然路径》，载《深圳信息职业技术学院学报》，2019年第5期。

[11] 陆模兴、张雅静、黄国辉：《建立高校学生社团与"活动思政"连通机制的探究与实践》，载《深圳信息职业技术学院学报》，2019年第5期。

[12] 黄国辉、沙苗苗、张翔：《"素质银行"：培养与提升高职大学生综合素质路径探新》，载《深圳信息职业技术学院学报》，2013年第4期。

[13] 刘颖、黄国辉、程建伟：《基于素质银行的高校辅导员职业能力模型创新研究》，载《学校党建与思想教育》，2014年第24期。